Maureen Sims
Süchtig nach Liebe

Maureen Sims

Süchtig nach Liebe

Mein Weg aus Hörigkeit und Prostitution

Brendow Buch Kunst Verlag

Die Deutsche Bibliothek – CIP-Einheitsaufnahme

Sims, Maureen:
Süchtig nach Liebe : mein Weg aus Hörigkeit und Prostitution /
Maureen Sims. [Aus dem Engl. von Wolfgang Stedtnitz]. –
Moers : Brendow, 1992
(Edition C : M ; 177)
Einheitssacht.: Looking for love <dt.>
ISBN 3-87067-474-1
NE: Edition C / M

ISBN 3-87067-474-1
Edition C, Reihe M 177

Original: LOOKING FOR LOVE. First published by
Marshall Morgan and Scott, Publications Ltd. Part
of the Marshall Pickering Holdings Group.

Übersetzung: Wolfgang Stedtnitz
Lektorat: Thomas R.-von der Heyde
Einbandgestaltung:
Kommunikationsdesign Michael Buttgereit, Haltern am See
Printed in Germany

Inhalt

Vorwort

Es fällt mir nicht leicht, meine Geschichte zu erzählen. Zu viele Zeiten in meinem Leben gibt es, die ich lieber vergessen würde, zu viele Begebenheiten, an die ich nur mit Schmerzen zurückdenken kann. Warum erzähle ich dennoch meine Geschichte? Wie komme ich dazu, Erinnerungen wieder wachzurufen, die mir doch nur Kummer bereiten?

Vor allem erzähle ich meine Geschichte deshalb, weil ich davon überzeugt bin, daß Gott es will. Ich glaube, daß Er meine Geschichte benutzen möchte, um anderen Menschen Hoffnung zu geben. Ich weiß, wie viele seelische Verletzungen und wieviel Leid es in unserer heutigen Welt gibt, wie viele Menschen sich nach Trost und Frieden in ihrem Leben sehnen. Ich weiß, wieviel Böses es in der Welt gibt, wie viele Menschen wie Gefangene leben und verzweifelt nach einem Ausweg suchen. Ich habe den Schmerz, die Angst und die Verzweiflung selber durchlebt, und ich habe einen Ausweg gefunden. Ich möchte, daß die Menschen erfahren, welches Leben ich gelebt habe und welches Leben ich jetzt lebe, damit sie erkennen, daß jeder Mensch ein neues Leben bekommen kann, ganz gleich, wie seine Vergangenheit aussehen mag.

Jesus Christus hat mich zu einem neuen Menschen gemacht. Die Frau, die Ihnen diese Geschichte erzählt, ist nicht mehr dieselbe Maureen Sims wie damals – bevor der Herr in mein Leben trat und es veränderte.

Bevor ich Christin wurde, fiel es mir schwer, auch nur mit einem einzigen Menschen ein Gespräch zu führen. Schon eine ganz gewöhnliche Unterhaltung empfand ich als furchtbare Belastung. Manchmal bekamen wir zu Hause Besuch. Die Leute blieben dann den ganzen Abend lang, und das einzige, was ich sagte, war „guten Tag“ und „auf Wiedersehen“. Heute kann ich mutig und ohne Angst vor Versammlungen von über tausend Menschen sprechen. Das Problem bestand nicht nur darin, daß ich früher Hemmungen hatte, obwohl sicher auch das eine Rolle spielte. Vor allem aber konnte ich mich deshalb nicht mit anderen Menschen unterhalten, weil ich nichts zu sagen hatte. Mein Kopf war leer.

Ich war ein Mensch ohne Ansichten, ohne Überzeugungen und ohne eigenständiges Denken – ein Vakuum, das nur darauf wartete, mit irgend etwas gefüllt zu werden, was die Welt gerade zu bieten hatte. Heute aber zeigt Jesus mir, worüber ich sprechen kann, und ich sehne mich danach, so vielen Menschen wie möglich zu erzählen, was er für mich getan hat und was er auch für sie tun kann. Früher war meine innere Leere ein Einfallstor für das Böse, heute ist mein Denken ein Kanal für Gottes Heiligen Geist.

Bevor ich Christin wurde, lag meine Ehe in Trümmern. Sie war zur Hölle geworden, zu einem Alptraum, in dem sich Liebe in Haß verwandelt hatte und ich schließlich keinen anderen Ausweg mehr sah als den Selbstmord. Bevor mein Mann Jesus Christus als seinen Herrn annahm, war er gewalttätig und zerstörerisch, ein Mensch ohne Prinzipien und ohne Zärtlichkeit. Heute scheint die Liebe Gottes durch ihn hindurch. Wir erfahren Freude und Liebe in unserer Ehe und in unserer Familie. Christus hat uns zu einer Einheit werden lassen.

Früher war ich einsam, lebte für mich allein und hatte keine Freunde. Ich führte ein schlechtes, unmoralisches Leben, das mir kein Glück brachte, aus dem ich aber auch keinen Ausweg sah. Ich suchte Trost im Alkohol und in Drogen. Ich hielt mich zu Kriminellen und wurde schließlich in die Prostitution getrieben. Heute lebe ich ein glückliches, friedliches Leben und habe viele liebe Freunde, und doch suche ich immer noch die Gesellschaft von Kriminellen, Alkoholikern, Drogenabhängigen und

Prostituierten. Mit dieser Art von Menschen kann ich mich identifizieren, denn ich war eine von ihnen. Oft spreche ich mit den Menschen in den Gefängnissen, und Drogenabhängige und Prostituierte besuchen mich zu Hause. Ich erzähle ihnen von der Liebe Jesu, die sie genauso retten kann, wie sie mich gerettet hat.

Jesus ist Realität! Ich weiß, daß es ihn gibt, denn wenn er nicht in mein Leben getreten wäre, wäre ich heute entweder tot oder im Irrenhaus. Wer immer es war, der aus der leblosen Marionette, die ohne Hoffnung dahinvegetierte, die Frau gemacht hat, die ich heute bin: Er muß Realität sein! So viele Menschen sagen: „Könnte ich doch noch einmal ganz von vorne anfangen!“ Sie können es. Wie immer die Nöte und die Schmerzen dieser Menschen aussehen mögen, wie groß das Chaos auch ist, das sie aus ihrem Leben gemacht haben – als neue Schöpfungen Gottes können sie einen neuen Anfang machen. Aber es gibt nur einen einzigen Ausweg, nur einen Weg nach vorne. Jesus ist Frieden. Jesus ist Trost. Niemand kann ohne ihn auskommen.

Niemals werde ich mich von Gottes Liebe abwenden, denn ich weiß, daß ich ohne ihn nichts bin. Gott hat mir meinen liebevollen Ehemann geschenkt, die Sicherheit meiner Familie, meine Gesundheit, mein Leben. Es gibt heute so viele Menschen, die genau dasselbe durchmachen, was ich durchgemacht habe. Wenn durch das Lesen meiner Geschichte auch nur ein einziger Mensch den Ausweg findet und die Freude und den Segen des neuen Lebens entdeckt, das Jesus Christus schenkt, dann hat sich meine Geschichte gelohnt.

Kindheit: Erste Erinnerungen

Ich war ein „Kriegskind“. Meine Eltern wohnten in Battersea im Stadtgebiet von London, aber als meine Mutter im Jahre 1944 Nachwuchs erwartete, galt es als zu gefährlich, dort wohnen zu bleiben. Sie wurde deshalb nach Woking in der Grafschaft Surrey evakuiert, wo ich geboren wurde.

Ich habe eigentlich eine ganz normale und glückliche Kindheit verlebt. Jedenfalls kann ich mich nicht damit entschuldigen, daß alle meine späteren Fehler nur darauf zurückzuführen sind, daß ich als Kind unglücklich war oder vernachlässigt wurde. Unsere Familie war nicht reich, aber wir hatten unser Auskommen. Ich fühlte mich von meinen Eltern geliebt. Und obwohl ich ein Einzelkind war, hatte ich eine Unmenge von Vettern und Kusinen, denn meine Eltern kamen beide aus großen Familien.

Als ich geboren wurde, leistete mein Vater seinen Militärdienst bei der Royal Air Force ab. Nach Kriegsende nahm er jedoch seinen alten Beruf wieder auf und arbeitete als Koch. Er war sogar Chefkoch, und zwar im „Cumberland“, einem großen Hotel im Londoner Westend. Ich war stolz darauf, einen Vater zu haben, der einen so „wichtigen“ Beruf hatte. Ich liebte es, wenn er uns erzählte, welche großen Aufträge das Hotel bekommen hatte und welche berühmten Persönlichkeiten dort ein und aus gingen. Das Cumberland Hotel war sogar als Betreuungsbetrieb des berühmten Pferderennens in Ascot auserwählt worden, und mein Vater schilderte mir, wie die reichen Zuschauer und Besucher aussahen, wie vornehm sie gekleidet waren und welche extravaganten Hüte die Damen auf dem Kopf trugen. All das kam mir damals wie ein Märchen aus Tausendundeiner Nacht vor. In meiner kindlichen Begeisterung hatte ich noch keine Ahnung davon, daß der Prunk und der Luxus eines 5-Sterne-Hotels spätestens an der Eingangstür haltmacht. – Mein Vater mußte sehr schwer arbeiten. Er machte viele Überstunden und litt allmählich an Überanstrengung. Gesundheitlich ging es ihm im Laufe der Zeit zunehmend schlechter. Er wurde kränklich, war ständig müde und litt unter Hautausschlag und Geschwüren. Schließlich mußte er seinen Beruf als Koch aufgeben und bekam statt dessen eine Anstellung als Auslieferungsfahrer für eine Wäscherei. So ganz ging ihm auch bei dieser Tätigkeit der Kontakt zur großen Welt des Luxus nicht verloren, denn es kam immer wieder vor, daß er seine Wäsche in einer vornehmen Villa oder einem feinen Hotel abliefern mußte.

Mein Vater war ein freundlicher, ruhiger und bedächtiger Mensch. Er liebte seinen Garten und verbrachte deshalb auch den größten Teil seiner Freizeit mit Gartenarbeit. Mein Vater war nicht direkt geizig, ging jedoch außerordentlich sparsam mit seinem Geld um. Jeden Freitag abend setzte er sich hin und schrieb genau auf, wieviel Geld er während der Woche ausgegeben hatte – bis auf den letzten Penny. Er war ein guter Ehemann, sehr rücksichtsvoll und hilfsbereit. Er war stets bereit, beim Putzen mit Hand anzulegen und bereitete unser Mittagessen zu, wenn er seinen freien Tag hatte.

Bis zum Tag meiner Einschulung blieb meine Mutter zu Hause und kümmerte sich um mich. Später bekam sie dann eine Stelle an einer Schule für lernbehinderte Kinder, die aus schwierigen sozialen Verhältnissen stammten. Sie arbeitete dort als Küchenhilfe, denn es handelte sich um eine Ganztagsschule, wo die Kinder auch zu Mittag aßen. Meine Mutter war eine sehr extrovertierte Frau, die sich gerne amüsierte und sich in Gesellschaft am wohlsten fühlte. Bei jeder Party drehte sich alles um sie. Wo meine Mutter hinging, kam sofort Stimmung auf: Sie tanzte gerne, sang den anderen etwas vor oder spielte auf dem Klavier. Ich erinnere mich daran, daß meine Eltern oft ausgingen, manchmal zum Tanzen und gelegentlich in eine Kneipe. Heute bin ich davon überzeugt, daß dies viel mehr von meiner Mutter als von meinem Vater ausging. Wäre es nach ihm gegangen – er hätte wohl am liebsten einen ruhigen Abend zu Hause verbracht.

Ich muß zugeben, daß es mir nicht immer gefiel, wenn meine Eltern abends fort waren. Lieber wäre es mir gewesen, wenn sie ständig bei mir zu Hause geblieben wären. Es gibt zwei Begebenheiten, an die ich sehr ungern zurückdenke und die mir tatsächlich den Eindruck vermittelten, vernachlässigt worden zu sein. Einmal, als ich gerade zwei oder drei Jahre alt war, waren meine Eltern in eine Kneipe gegangen, um ein Glas Bier zu trinken. Als ich nach einiger Zeit in meinem Kinderbettchen aufwachte, rief ich nach ihnen, aber es war niemand da. Weinend ging ich durch das Haus und suchte meine Eltern. Doch das Haus war leer. Irgendwie muß es mir dann gelungen sein, zur Haustür zu gelangen und sie zu öffnen. Wahrscheinlich hatte ich meine Eltern draußen suchen wollen, aber andererseits traute ich mich nicht, in die Dunkelheit zu gehen. Schließlich kam ein Mann vorbei, sah mich dort stehen und fragte: „Was ist denn los, mein Kind?"

„Ich suche meine Mama und meinen Papa!"

„Und wo sind sie hingegangen?"

„Da unten in die Kneipe", heulte ich. Der Fremde hatte wohl Mitleid mit mir, denn er ging sofort die Straße hinunter, in die Kneipe hinein und holte meine Eltern. Sie kamen dann direkt wieder nach Hause und beruhigten mich.

Ein anderes Mal waren meine Eltern ebenfalls ausgegangen und hatten mich, obwohl ich über heftige Bauchschmerzen klagte, bei einem meiner jüngeren Vettern zurückgelassen. Später stellte sich heraus, daß ich unter einer Blinddarmentzündung litt. Ich kam viel zu spät ins Krankenhaus, hatte bereits einen Durchbruch und wäre um ein Haar daran gestorben.

Dennoch waren dies Einzelfälle, und ich hatte insgesamt

nicht den Eindruck, ein vernachlässigtes Kind zu sein. Wir hielten als Familie immer zusammen, unternahmen vieles gemeinsam, gingen zusammen spazieren oder besuchten Verwandte. Meine Eltern hingen sehr aneinander, und keiner unternahm irgend etwas ohne den anderen. Vielleicht waren sie auch so sehr mit sich selber beschäftigt, daß für mich einfach nicht mehr genug Liebe übrig war. Aber dieser Gedanke kam mir erst später; damals dachte ich noch nicht so weit. Im großen und ganzen fühlte ich mich doch sicher und geborgen in der Liebe meiner Eltern. Besonders hingezogen fühlte ich mich zu meinem Vater, der ein sehr liebevoller Mensch war. – Häufige Umarmungen oder körperlichen Kontakt gab es in unserer Familie allerdings nicht. Obwohl sich meine Eltern beide sehr liebhatten, kann ich mich nicht daran erinnern, daß sie allzuoft liebevoll oder gar zärtlich miteinander umgingen. Meine Mutter sagte manchmal: „Ach, wenn Jim doch wenigstens einmal meine Hand halten oder den Arm um mich legen würde, wenn wir zusammen ausgehen." Auch mir ging es so: Manchmal hätte ich nichts dagegen gehabt, ein wenig mehr mit meinen Eltern zu „schmusen".

Meine Kindheitserinnerungen hängen sehr eng mit den verschiedenen Häusern zusammen, in denen wir wohnten. Kurz nach meiner Geburt zog meine Mutter wieder zurück nach Battersea, wo wir vor dem Krieg gewohnt hatten. Wir lebten in einer 2-Zimmer-Wohnung in einem alten Haus mit hohen Dekken und großen Fenstern. Die Zimmer waren kalt, feucht und dunkel, und wir besaßen kaum Möbel. Wenigstens war es sauber. Es muß fürchterlich gewesen sein für meine Mutter in diesen letzten Kriegstagen: Da saß sie nun alleine in einem dunklen Zimmer, hatte keine Vorhänge zum Verdunkeln, hörte die Luftschutzsirenen heulen und dazu noch das ständige Gebrüll ihrer kleinen Tochter. Ich war nämlich ein Kind, das Tag und Nacht schrie.

Nachdem mein Vater seinen Dienst bei der Royal Air Force beendet hatte, wurde es in der kleinen Wohnung unglaublich eng, und wir zogen in ein größeres Haus. Es war ein Reihenhaus mit fünf Zimmern und einem ziemlich großen Garten. Wenn ich an dieses Haus denke, ist mir meine ganze Kindheit wieder gegenwärtig.

Ich sehe es wieder vor mir, wie wir abends zusammen im Wohnzimmer saßen, ein Hörspiel oder eine Fortsetzungsserie im Radio hörten und meine Mutter im Sessel saß und strickte. Stricken war ihre Lieblingsbeschäftigung, und ich besaß viele handgestrickte Pullover und Jacken. Dann hatten wir noch ein besonderes Zimmer, das wir „Sonntagszimmer" nannten und auch nur an Sonntagen oder zu besonderen Anlässen benutzten. Sonntags gingen wir fast immer gemeinsam spazieren und verbrachten anschließend im Sonntagszimmer einen gemütlichen, faulen Nachmittag vor dem Feuer. Ich weiß noch genau, wie wir dort zusammensaßen: Ich war damit beschäftigt, die letzten Knochen des Sonntagsbratens abzulecken, und meine Mutter toastete „Crumpets" auf dem Feuer, herrliche süße Törtchen, über die wir anschließend braune Butter gossen.

Die Waschküche im Keller war der Raum, in dem sich das große Waschen abspielte. Wir hatten für diesen Zweck einen Waschkessel, in dem meine Mutter einmal in der Woche Wasser kochte und dann fast den ganzen Tag damit beschäftigt war, ihre Wäsche auf einem Waschbrett sauber zu schrubben. Ein Badezimmer hatten wir nicht. Wenn wir baden wollten, mußten wir ebenfalls in die Waschküche gehen. Jeden Freitag wurde eine große eiserne Wanne gefüllt, die nach dem Bad im Garten ausgeleert wurde.

Mein Schlafzimmer war sehr eng, und manchmal schlief ich im Wohnzimmer. Aber wo ich auch schlief; ich hatte nachts immer Angst. Ich war jemand, der regelrecht vor seinem eigenen Schatten zusammenzuckte. Vor unserem Haus stand eine Straßenlaterne und ein großer Baum. Die Laterne warf merkwürdige, unheimliche Schatten an meine Schlafzimmerwand, und ich hatte deswegen manchmal regelrechte Alpträume. Meine Kusine Carola, die oft bei uns übernachtete, wußte das und machte sich einen Spaß daraus, mich zu erschrecken. Sie erzählte mir von allen möglichen Geistern und Gespenstern, und ich fiel jedesmal darauf herein.

Oben in der Wohnung unter dem Dach wohnte meine Tante. Neben meiner Mutter und meinem Vater war sie diejenige, zu der ich mich am meisten hingezogen fühlte. Sie tat mir leid; denn ich hatte immer das Gefühl, daß sie unter Einsamkeit litt. Tagsüber ging sie zur Arbeit, aber die Abende und Wochenenden mußte ich alleine verbringen. Ich besuchte sie oft in ihrer Wohnung, vor allem, wenn meine Eltern samstags abends ausgegangen waren. Mir fiel es als Kind unendlich schwer, mit anderen Menschen zu reden, nur mit meiner Tante konnte ich mich unterhalten. In vielen Dingen war unser Verhältnis wie das einer Tochter zu ihrer Mutter.

Unser Garten, den mein Vater mit viel Liebe pflegte, war ziemlich groß. Jenseits der steinernen Gartenmauer fingen die Nachbargärten an. Ich erinnere mich daran, wie ich als kleines Mädchen an der Mauer stand und in den Nachbargarten hinübersah, wo ein kleiner Junge wohnte, der ungefähr so alt war wie ich. Er hatte oft Besuch von seinen Freunden, und ich stand dann an der Mauer und sah den Kindern beim Spielen zu. Sie baten mich nie herüberzukommen, und selbst wenn sie es getan hätten, hätte ich mich nicht getraut. Dazu war ich viel zu schüchtern. Aber innerlich beneidete ich diesen Jungen um seine vielen Freunde und Spielsachen. Wenn er alleine war, nahm ich allen meinen Mut zusammen und sprach ihn an. Ich fürchte allerdings, daß fast alles, was ich ihm sagte, gelogen war. „Nächste Woche gehe ich in den Zirkus", erzählte ich ihm. „Und vorige Woche hat mich meine Tante in ein ganz tolles, riesengroßes Hotel mitgenommen. Da haben wir Erdbeeren mit Sahne bestellt – auf goldenen Tellern." – „Schau mal, ich habe einen neuen Stabilbaukasten", sagte er, woraufhin ich antwortete: „Ist doch noch gar nichts. Ich habe einen viel größeren Stabilbaukasten als du. Und außerdem habe ich eine Puppe, die richtig gehen und sprechen kann. Sie hat ein echtes Seidenkleid an, und darüber trägt sie einen Samtmantel."

Ich weiß selber nicht, was mich dazu brachte, diese Geschichten zu erfinden. In Wirklichkeit hatte ich keinen Mangel an Spielsachen, wenn sie auch nicht ganz so groß waren, wie ich es mir in meiner Phantasie manchmal wünschte, und auch Gelegenheiten, etwas zu unternehmen, gab es zur Genüge. Da unsere Familie mitsamt der angeheirateten Verwandtschaft sehr groß war, fand sich immer jemand, den man besuchen oder einladen konnte. Jeden zweiten Sonntag gingen wir zu meinem Onkel und meiner Tante zum Mittagessen und blieben anschließend zum Tee. Die beiden waren die Eltern meiner Kusine Carola, einer zweiten Kusine mit diesem Namen, also nicht derjenigen, die mich abends mit ihren Gruselgeschichten erschreckte. Einmal besuchten wir diese Familie, als meine Tante gerade ihr zweites Kind bekommen hatte. Ich erinnere mich noch genau daran, wie sie immer sofort zu dem Baby hinlaufen mußte, wenn es anfing zu schreien. Das lag an mir. Ich konnte nämlich niemanden weinen sehen, und jedesmal, wenn das Kind weinte, kamen auch mir die Tränen.

Die schönste Zeit des Jahres war die Weihnachtszeit. Dann war das ganze Haus voller Verwandtschaft. Einige meiner Vettern und Kusinen übernachteten bei uns, und am Heiligen Abend stellten wir zusammen unsere Stiefel vor die Tür, damit sie der Weihnachtsmann füllen konnte. Meine Tanten und Onkel brachten viele Geschenke mit, und am ersten Weihnachtstag feierten wir – wie es sich für richtige Engländer gehört – eine große „Christmas Party". Mein Onkel spielte den Weihnachtsmann, holte die Geschenke unter dem Weihnachtsbaum hervor und verteilte sie anschließend an uns Kinder, die wir vor Aufregung schon ganz unruhig waren.

Auch erinnere ich mich gerne daran, wie wir manchmal sonntags meinen Vater in seinem Hotel besuchten. Schon morgens früh sagte meine Mutter: „Zieh dein schönstes Kleid an. Wir fahren mit dem Bus zu Papa." Das brauchte man mir nicht zweimal zu sagen. Ich liebte diese Ausflüge zum Londoner Westend. Es war immer eine große Attraktion, meinen Vater in dem eindrucksvollen, riesigen Hotel zu treffen, und ich war jedesmal aufgeregt, wenn ich mir vorstellte, daß er zu diesem großen Betrieb dazugehörte. Wir gingen dann oft zusammen im Hyde Park spazieren und fuhren anschließend wieder nach Hause. Manchmal gingen wir abends noch in ein Stadtviertel, wo eine Kapelle oder eine Band musizierte.

Ich verlebte also wirklich glückliche Zeiten als Kind, und trotzdem kann ich nicht von mir sagen, daß ich ein glückliches Kind war. Ich war immer sehr still, fürchterlich nervös und hatte große Schwierigkeiten, mit anderen Kindern Freundschaften zu schließen. Als ich noch ganz klein war, hatte ich eine solche Angst vor Fremden, daß ich mich sofort unter dem Tisch verkroch, wenn wir Besuch bekamen. Und obwohl ich meine Eltern liebte, gab es in meiner Kindheit doch immer wieder Spannungen zwischen ihnen und mir. Meine Mutter hatte sehr oft irgend etwas an mir auszusetzen. Wenn wir beide alleine zu Hause waren, muß sie sich in meiner Gegenwart wohl ziemlich gelangweilt haben. Unterhalten haben wir uns fast nie. Wahrscheinlich bin ich ihr hin und wieder auf die Nerven gegangen. Oftmals sagte sie zu mir: „Meine Güte, Maureen, kannst du nicht nach draußen gehen und dich irgendwie beschäftigen. Ich bin es leid, dich dauernd zwischen meinen Füßen zu haben." Aber ich hatte einfach Angst, nach draußen zu gehen. So stellte ich mich an unser Fenster und sah den anderen Kindern beim Spielen zu. Mitzuspielen traute ich mich nicht. Ich fürchtete mich davor, ausgelacht oder verprügelt zu werden.

Auch schimpfte meine Mutter oft darüber, daß ich so faul war und mein Zimmer nie aufräumte. Heute bin ich selber Mutter und kann sie verstehen. Aber damals hat mich das furchtbar aufgeregt, und ich haßte es, ausgeschimpft zu werden. Nur mein Vater hielt regelmäßig zu mir.

Meine Mutter erzählte mir später, daß es in den wenigen Fällen, wo sie sich mit meinem Vater stritt, immer um mich ging. Mein Vater war in den Augen meiner Mutter wohl etwas zu nachgiebig. Ich glaube, ich war ein richtiges „Papakind".

Aber auch mit meinem Vater konnte ich nicht wirklich reden, obwohl ich ihn sehr lieb hatte. Ich erzählte meinen Eltern nie etwas darüber, wie sehr mich meine Kusine Carola in Angst und Schrecken versetzte. Wenn ich wieder einmal eine finstere Gestalt vor meinem Zimmer zu sehen glaubte, sagte meine Mutter nur, ich solle mich nicht so anstellen. Aus diesem Grunde vermied ich es in Zukunft, zu meinen Eltern zu gehen, wenn ich Trost brauchte, und erzählte ihnen nichts davon, wenn ich mich unglücklich fühlte oder Angst hatte. Vor allen Dingen wollte ich es vermeiden, daß sie böse auf mich waren. Ich war immer ein liebes, wohlerzogenes Mädchen und haßte es, wenn jemand meinetwegen böse wurde. Ich war niemals vorlaut und hätte es nicht gewagt, meinen Eltern Widerworte zu geben. Ich habe immer klein beigegeben, hielt meinen Mund und dachte nicht im Traum daran, ungehorsam oder gar rebellisch zu sein. Viel zuviel Angst hatte ich davor, die Liebe meiner Eltern zu verlieren. Ich hatte ein intensives Verlangen nach ihrer Zuneigung und konnte nie genug davon bekommen.

Heute ist mir klar, daß ich als Kind jemand war, der eine tiefe Sehnsucht nach Liebe in sich trug und diese Sehnsucht niemals erfüllt bekam. Inzwischen mache ich meinen Eltern deswegen keine Vorwürfe mehr. Ich weiß heute, daß kein Mensch eine solche vollkommene, bedingungslose Liebe zu geben imstande ist. Nur Jesus Christus kann einen Menschen wirklich bedingungslos lieben, und ich danke Gott dafür, daß ich diese Liebe doch noch gefunden habe.

Ich gehöre nicht zu denjenigen Menschen, die ihre Schulzeit für die schönste Zeit ihres Lebens halten. Für mich waren die zehn Jahre, die ich in der Schule verbrachte, die reinste Qual. Ich haßte diese Zeit, jede einzelne Minute – von der Grundschule bis zum Gymnasium. Ich freute mich über jedes Wehwehchen, das mir die Gelegenheit verschaffte, krank zu feiern. Es kam sogar vor, daß ich nachts wach blieb und mir, so fest ich konnte, von innen auf die Backe biß, damit sie morgens so stark geschwollen war, daß ich zu Hause bleiben durfte.

„Konzentriere dich doch, Maureen!"

„Maureen, du träumst schon wieder!"

„Maureen, ich wette, du hast nicht ein einziges Wort verstanden von dem, was ich gesagt habe!"

Ich ging meinen Lehrern vor allem deshalb auf die Nerven, weil ich grundsätzlich nie zuhörte. Ich war eben nicht intelligent. Ich fand es einfach schwierig, mich andauernd zu konzentrieren und mich daran zu erinnern, was man mir gerade eben beigebracht hatte. Schulaufgaben empfand ich als furchtbar anstrengend. Vielleicht hätte ich mir mehr Mühe gegeben, wenn ich mehr Interesse an der Schule gehabt hätte, aber ich versuchte es erst gar nicht, mit den anderen mitzuhalten. Wenn die Lehrer anfingen zu sprechen, schaltete ich sofort ab. Was sie sagten, verlor sich irgendwo über meinem Kopf, denn ich war vollauf damit beschäftigt, in meine eigene Traumwelt zu entfliehen. Auf diese Weise wurde ich regelmäßig Klassenletzte oder -vorletzte, und zwar in jedem Fach. Ich kann mich nur an eine einzige Ausnahme erinnern: Einmal bekam ich in Algebra tatsächlich die beste Note der Klasse – was allerdings nicht bedeutete, daß ich mich von nun an für Algebra interessiert hätte. Ich hielt das Ganze für ein Versehen, und auch heute noch ist das die Erklärung, die mir am ehesten einleuchtet.

Meine Hauptschwierigkeiten während der Schulzeit hingen allerdings nicht mit den Lehrern, sondern mit den anderen Schülern zusammen. Natürlich empfanden es meine Lehrer als Qual, jemanden unterrichten zu müssen, der so langsam war wie ich und sich grundsätzlich nicht konzentrieren konnte. Aber in der Schule wie zu Hause war ich ein ruhiges Mädchen, wohlerzogen und ständig darauf bedacht, niemandem zur Last zu fallen. Nein, das war nicht das Hauptproblem. Die eigentlichen Schwierigkeiten entstanden im Umgang mit den anderen Kindern. Sie waren laut, unbändig und wild, und ich hatte furchtbare Angst vor ihnen. Kinder können äußerst grausam sein. Sie finden sehr schnell heraus, wenn ein anderes Kind ängstlich ist und ersehen sich dieses Kind dann als ihr Opfer. Man sagt von den Tieren, daß sie die Angst ihres Gegners „riechen" können, und ich glaube, daß es bei Kindern nicht anders ist. Ich wurde gezwickt und gezwackt, verhauen und verprügelt und all den kleinen Folterungen und Gemeinheiten ausgesetzt, für die Kinder Spezialisten sind. Ich erinnere mich an einen Kehrreim, den die Kinder oft sangen: „Böses darfst mir sagen – darfst mich nur nicht schlagen!" In meinem Fall stimmte das nicht. Die körperlichen Schläge waren schlimm genug, aber was mich wirklich verletzte, waren die verbalen Attacken. Mehr als alles andere haßte ich den Spott und die ständige Hänselei. Während die anderen spielten, saß ich irgendwo in der Ecke und dachte: „Hätte ich doch nur eine Freundin, ein nettes Mädchen, das mich nicht verhauen und mich nicht hänseln würde." Manchmal gelang es mir sogar, Freundschaften mit anderen Mädchen zu schließen, aber diese Freundschaften hielten nie lange. Als ich auf das Gymnasium kam, versuchte ich, mir Freunde zu „kaufen", indem ich ihnen irgend etwas schenkte. Das Problem bestand nur darin, daß ich nicht allzuviel besaß, was ich hätte verschenken können. So fing ich an zu stehlen, meist irgendwelche Bonbons oder sonstige Kleinigkeiten aus dem Supermarkt. Meine Eltern wären entsetzt gewesen, wenn sie das gewußt hätten, aber ich bin nie erwischt worden. Was ich stahl, behielt ich grundsätzlich nicht für mich, sondern gab es an die Mädchen weiter, die meine Freundinnen werden sollten. Auch versuchte ich, mich durch Lügen interessant zu machen und auf diese Weise eine Freundin zu bekommen. Es war wieder genauso wie damals, als ich mich mit dem kleinen Jungen im Nachbargarten unterhielt. Ich prahlte mit meinen Eltern, meinen Reichtümern, mit dem, was ich nachmittags nach der Schule unternahm. Ich glaube nicht, daß mir jemand glaubte. Die anderen Mädchen müssen gespürt haben, wer ich war: eine Null, ein Nichts. Ich hatte keine Hobbys, keine Interessen, und mir fiel kein Gesprächsthema ein. Kein Wunder, daß ich keine echten Freundinnen hatte.

Meine Familie ging nicht in die Kirche, und ich wurde auch

nicht in den Kindergottesdienst geschickt. Meine Eltern hatten nichts gegen die Religion, aber sie interessierten sich auch nicht dafür. Über die Bibel wußte ich überhaupt nichts. Ich wußte weder wer Jesus war, noch was das Christentum bedeutete. Man wird mir wohl in der Schule irgendwelche biblischen Geschichten erzählt haben, aber ich habe keine Erinnerung daran. Da ich ja grundsätzlich nie meinen Lehrern zuhörte und mich auch nie an irgend etwas erinnern konnte, was man mir beibrachte, ist auch das nicht weiter verwunderlich. Mit elf Jahren gab es einen kurzen Lichtblick, denn ich wurde Mitglied im Chor unserer Kirche, der „St. Barnabas Church". Wie ich dazu kam, weiß ich heute gar nicht mehr, und die Episode dauerte auch nur ein paar Wochen lang. Wie alle Chormitglieder trug ich eine schicke Uniform, was mir gut gefiel. Ich kam mir wichtig und bedeutsam darin vor. In meinem Denken gab es allerdings überhaupt keine Verbindung zwischen dem Singen im Chor und den christlichen Inhalten unserer Lieder. Ich habe sicher damals auch einige Predigten gehört, aber wie im Unterricht ging auch dieses Mal der Inhalt zum einen Ohr hinein und zum anderen wieder heraus. Ich hatte keine Ahnung, was Christsein bedeutet und keinen Begriff davon, wer Jesus war. Das einzige, was ich über die Religion wußte, war, daß sie absolut langweilig war.

Manchmal frage ich mich, wie mein Leben damals verlaufen wäre, wenn mir jemand gesagt hätte, daß Jesus die Liebe schenken kann, nach der ich mich so sehr sehnte, und daß Er ein persönlicher Freund sein kann, so wie ich es mir immer gewünscht hatte. Aber Gott hat seine eigenen Wege und handelt zu seiner Zeit. Ich bin fest davon überzeugt, daß er mich von Anfang an kannte und liebte, aber es sollten noch viele Jahre ins Land gehen, bevor ich diese Liebe verstehen und erwidern konnte.

Jugend: Die „wilden Jahre"

„Hallo, Maureen, kommst du mit in die Stadt? Wir gehen in die Disco – Rock 'n' Roll die ganze Nacht!"

„Na klar, ich bin dabei, Diana. Ich hole dich um halb acht ab."

Ich glaube, ich habe großes Glück gehabt, daß meine Jugend genau in die Zeit fiel, als in England die Altersgruppe der „Teenager" so richtig populär wurde. Vor dieser Zeit wurden die Jugendlichen als „Backfische" angesehen, als „Halbwüchsige", mit denen nichts Rechtes anzufangen war. Aber in den späten fünfziger Jahren redete auf einmal jeder von uns. Es gab Mode für Teenager, Fernsehprogramm nur für uns und vor allem – Musik.

Im Jahre 1956 hielt der Rock 'n' Roll Einzug in England – mit dem Film „Rock around the Clock". Heute mag das altmodisch erscheinen, aber damals war es eine Revolution, und die Leute standen kopf. Wir verehrten Bill Haley, die „Comets" und andere Rockstars aus den Vereinigten Staaten: Little Richard, Chuck Berry, Buddy Holly, die „Everly Brothers" und natürlich Elvis Presley. Später hatten wir dann unsere hauseigenen Popstars: Cliff Richard, Billy Fury, Adam Faith – und das alles lange bevor die Beatles am Horizont auftauchten.

In meiner Jugend wurde ich langsam ein wenig „normaler". Ich interessierte mich nun endlich für die Dinge, für die sich auch andere Mädchen in meinem Alter interessierten: Popmusik, Tanzen, Kleider und Jungen. Endlich gelang es mir, ein oder zwei Freundschaften zu schließen. Zwar hatte ich keine engen Freundinnen, denn meine Freundschaften hielten nie allzu lange. Aber zumindest hatte ich zwei Mädchen gefunden, mit denen ich zusammen tanzen gehen konnte. Damals – ich war gerade dreizehn Jahre alt – gingen wir drei regelmäßig zu den Rock-'n'-Roll-Veranstaltungen in meiner Heimatstadt Battersea.

Da ich ein äußerst schüchternes und ruhiges Mädchen war, vermittelte ich wohl allgemein den Eindruck, daß ich es mit der Beziehung zum anderen Geschlecht nicht besonders eilig hatte. Der Eindruck täuschte jedoch. Bereits mit elf Jahren hatte ich meinen ersten Freund. Wir trafen uns im Stadtpark, saßen auf einer Bank und hielten Händchen. Gerade weil ich so ruhig war, fühlten sich die Jungen zu mir hingezogen. Die anderen Mädchen waren schon ziemlich dreist und abgebrüht, aber ich war sanft und weich – und das gefiel den Jungen.

Früher hatte ich mich immer darum bemüht, irgendwo aufzufallen. Als ich jedoch feststellte, daß es auf dieser Welt auch männliche Wesen gab, änderte ich mein Verhalten. Von nun an trachtete ich danach, beachtet, verehrt und bewundert zu werden. Da ich sehr gut aussah und eine gute Figur hatte, zog ich mich entsprechend an. Damals, in den späten fünfziger Jahren, waren enge Blusen in Mode, weit abstehende Röcke (manchmal mit eingearbeiteten Reifen) und darunter flauschige Unterröcke mit Rüschen. Meine Blusen waren stets die enganliegendsten und meine Röcke die flauschigsten. Als später hohe Stiefel und Miniröcke modern wurden, waren meine Röcke die kürzesten weit und breit.

So gefiel ich mir endlich: Ein Mädchen, mit dem jeder gerne flirtete und das jeder bewunderte. Und doch war ich im Inneren immer noch dieselbe ängstliche Maureen, die das alles nur tat, weil sie auf der Suche nach ein bißchen Liebe war. Heute bin ich mir nämlich sicher, daß ich nur deshalb so viel Wert darauf legte, für die Jungen attraktiv zu sein, weil ich ein tiefes Verlangen nach deren Liebe und Anerkennung hatte. Ich suchte die Gewißheit, daß ich irgendeinem Menschen wichtig war, und Küssen und Schmusen gefiel mir, weil es mir ein Gefühl von

Wärme und menschlicher Nähe vermittelte. Mehr als einen Austausch von Zärtlichkeiten wollte ich allerdings nicht. Ich hatte furchtbare Angst vor Sex. Meine Eltern hatten mir nichts darüber erzählt, und in der Schule steckte die sexuelle Aufklärung damals noch in den Kinderschuhen. Ich erinnere mich noch daran, wie ich einmal mit meinen Eltern Urlaub machte und an unserem Ferienort einen Jungen traf. Wir küßten uns und schmusten miteinander, und hinterher hatte ich fürchterliche Angst, ich würde ein Kind bekommen – allein vom Küssen! So naiv und unwissend war ich. Natürlich habe ich später von den anderen Mädchen über dieses Thema mehr erfahren – und dennoch: wenn auch einige der anderen bereit waren, „aufs Ganze zu gehen": ich wollte damit nichts zu tun haben.

Das war wohl auch ein Grund dafür, daß meine Freunde es nie allzu lange bei mir aushielten. Zuerst wurden die Jungen von meinem Aussehen und meinem aufreizenden Verhalten angezogen, und dann waren sie enttäuscht, daß ich ihren sexuellen Forderungen nicht nachgab.

Allerdings muß ich zugeben, daß auch meine mangelnde Gesprächsbereitschaft dazu beitrug, daß die meisten nach ein oder zwei Verabredungen von mir abließen. Sogar mein allererster Freund, von dem ich schon erzählte, sagte mir einmal, daß ich ein langweiliges Mädchen sei und daß er mir jedes Wort aus der Nase ziehen müsse.

Ich blieb nicht einen Tag länger auf der Schule als nötig. Sobald ich nicht mehr unter die allgemeine Schulpflicht fiel, ging ich ab. Ich war fünfzehn, hatte keinerlei Abschluß, keine Ausbildung, aber eine Menge Glück. Wir lebten damals in der Zeit der Vollbeschäftigung, und ich hatte einen Vater mit guten Beziehungen, der einiges für mich in Bewegung setzen konnte. Er verschaffte mir einen Job im Cumberland Hotel, und ich wurde Friseuse. Diese Arbeit begeisterte mich. Das Hotel hatte mir schon immer gefallen, und ich konnte mir nichts Schöneres vorstellen, als jeden Tag dort zu sein, ständig umgeben von Prunk und Luxus. Da ich mich darüber hinaus für alles interessierte, was mit Mode zu tun hatte, dachte ich mir, daß der Beruf der Friseuse genau der richtige für mich sei.

Die Arbeit im Hotel machte mir einen Riesenspaß. Schon wenn ich morgens durch die Eingangstür in die Halle schritt, kam ich mir groß und wichtig vor. Auch war es jedesmal aufregend, irgendeine bekannte Persönlichkeit zu sehen. So traf ich Max Wall, Adrienne Posta und manch andere berühmte Persönlichkeit der späten fünfziger Jahre. Auch liebte ich es, Frauen zu bedienen, die nach der neuesten Mode gekleidet waren und dann extra zu mir kamen, um sich ihr Haar stylen zu lassen. Allerdings hatte nicht jede dieser Damen einen ehrenwerten Beruf. Gleich an meinem ersten Arbeitstag kamen als erste Kundinnen zwei „Edelprostituierte" in meinen Friseursalon. Sie kamen noch oft wieder, und ich war jedesmal hin und her gerissen zwischen Bewunderung für ihr modisches Äußeres und Abscheu darüber, wie sie ihr Geld verdienten. Damals dämmerte es mir noch nicht, daß auch ich später einmal in ihrem Gewerbe arbeiten würde.

Wie zu Beginn meiner Schulzeit erging es mir auch in den ersten Tagen meiner Arbeit im Friseursalon: Ich hatte große Schwierigkeiten im Umgang mit den anderen Mädchen. Das lag vor allen Dingen daran, daß ich fürchterlich nervös und gehemmt war. Ich traute mich nicht, mit irgend jemandem ein Gespräch anzufangen, saß immer alleine im Personalraum und verließ dieses Zimmer jedesmal mit dem sicheren Gespür dafür, daß hinter meinem Rücken über mich geredet worden war. – Schließlich gelang es mir aber doch, eine Freundin zu finden, ein Mädchen mit dem Namen Laura.

Später kam dann noch meine Freundin Cecilia hinzu, und wir drei gingen oft abends oder am Wochenende zusammen aus.

Einen großen Teil meiner Jugend – vor allem die Zeit zwischen 15 und 18 Jahren – verbrachte ich damit, die verschiedenen Tanzlokale, Cafés, Discos und Clubs in London zu besuchen. Manchmal kam ich nicht vor zwei Uhr morgens nach

Hause. Wenn ich heute darüber nachdenke, wundert es mich, daß mir meine Eltern damals so viel Freiheit ließen. Heute möchte ich als Mutter zweier Jungen in diesem Alter immer genau wissen, wo sich meine Kinder aufhalten und wann sie nach Hause kommen. Aber meine Eltern fragten mich, soweit ich mich erinnern kann, nicht ein einziges Mal, mit wem ich ausging oder wohin wir gingen. Sie schrieben mir auch nicht vor, zu einer bestimmten Uhrzeit wieder zu Hause zu sein. Natürlich war London damals noch kein so gefährliches Pflaster wie heute. Zwar war es nicht ungefährlich, aber wenigstens konnte man sich noch auf die Straßen wagen, ohne gleich befürchten zu müssen, an der nächsten Ecke beraubt oder vergewaltigt zu werden. Auch hatte ich den Eindruck, daß meine Eltern mir fest vertrauten. Ich mag als junges Mädchen meine Eigenarten gehabt haben, aber ich war niemals rebellisch und hatte nach wie vor ein gutes Verhältnis zu meinen Eltern.

Einmal ging ich mit meiner Freundin Laura in ein Tanzcafé. Wir waren extra vorher zum Friseur gegangen und hatten uns mächtig in Schale geworfen. Im Café angekommen, setzten wir uns hin, bestellten uns etwas zu trinken und musterten dann gründlich die anwesende Männerwelt.

„Schau mal, Maureen, der Typ da drüben – mit dem blauen Anzug und den Koteletten. Was hältst du von dem . . .?“

„Könnte mir gefallen . . .“

„Sein Freund ist aber auch nicht übel. Sieh mal, sie gucken uns an. O wei, Laura, sie kommen rüber . . .“

Dann dauerte es nicht mehr lange, bis jede von uns einen Tanzpartner hatte. Die Jungen gaben uns Getränke aus, unterhielten sich mit uns und taten alles, um uns bei guter Laune zu halten. Mit ein bißchen Glück besaß einer von ihnen ein Auto und brachte uns anschließend nach Hause. Laura übernachtete dann meistens bei mir, und wir verbrachten die halbe Nacht damit, uns unter großem Gekichere darüber zu unterhalten, was die Jungen gesagt hatten und wie sie versucht hatten, mit uns anzubändeln.

Als dann später auch meine Freundin Cecilia im Cumberland Hotel arbeitete, ging ich oft mit ihr zusammen abends aus, meist in die Gegend von Soho. Wir besuchten irgendein Café oder eine Imbißstube, tranken eine Tasse Kaffee nach der anderen und gingen erst am frühen Morgen wieder nach Hause. Ich empfand diese Ausflüge damals als ungeheuer aufregend. Soho war schon immer berühmt-berüchtigt wegen seines Nachtlebens, und oft sahen wir Prostituierte in den Hauseingängen stehen, die auf Kundschaft warteten. Einmal gerieten wir in eine Spelunke, wo die Leute teilnahmslos herumlagen, merkwürdig riechende Zigaretten rauchten und uns mit verträumten und nichtssagenden Blicken ansahen. Zwei junge Männer kamen auf uns zu und boten uns Zigaretten an: „Hey, Mädels, nehmt mal 'nen Zug. Kommt, entspannt euch. Das macht Spaß." Ich war noch völlig unbedarft und wußte gar nicht, was los war. Mit Drogen hatte ich keine Erfahrung. Cecilia hatte sofort erkannt, was Sache war, und wir machten uns schleunigst aus dem Staub. Aber obwohl mir dieses Erlebnis einen gehörigen Schrecken einjagte, führte es nicht dazu, daß wir den Stadtbezirk Soho bei unseren Ausflügen künftig mieden. Wenn ich heute darüber nachdenke, kann ich nur Gott danken, daß er auf mich achtgegeben und mich vor größerem Schaden bewahrt hat.

Ich hatte verschiedene Freunde, auch wenn meine Beziehungen nie lange hielten. Die Jungen waren nur darauf aus, ihren Spaß zu haben und nahmen mich als Person überhaupt nicht ernst. Bei mir war es ganz anders: Ich nahm jeden einzelnen meiner Freunde ernst. Ich war schon immer jemand, der recht intuitiv entschied, mehr mit dem Herzen als mit dem Verstand. Es wäre gelogen, wenn ich behaupten würde, daß ich in jedem meiner Freunde tatsächlich verliebt gewesen wäre, aber ich machte es mir doch zur Regel, nicht mit jemandem auszugehen, den ich nicht wirklich nett fand. Wenn der Betreffende mich dann nicht mehr sehen wollte, war ich zutiefst verletzt. Ich saß zu Hause vor dem Telefon, heulte mir die Augen aus dem Kopf und wartete auf einen Anruf. Wenn das Telefon stumm blieb, fragte ich mich verzweifelt: „Was ist nur los? Ich verstehe das nicht. Warum will er mich nicht mehr sehen? Was habe ich nur falsch gemacht?“ Heute weiß ich, wo der Fehler lag. Ich sagte es ja bereits: Wenn ich den Jungen nachgegeben hätte, wäre mir mancher Freund länger erhalten geblieben; da ich ihnen jedoch Grenzen setzte, ließen sie schnell wieder von mir ab. Allerdings lag es auch daran, daß ich zu still war und daß es offensichtlich keinen Spaß machte, mit mir befreundet zu sein.

Schließlich gelang es mir aber doch, einen festen Freund zu finden. Ich traf ihn eines Abends auf der Rollschuhbahn. Er kam auf mich zu, sprach mich an und fragte mich, ob er mich nach Hause bringen dürfe. Er hieß Mick und hatte ein Motorrad, was ich sehr aufregend fand. Ich glaube, Mick meinte es wirklich ernst.

Er hatte sich tatsächlich in mich verliebt. Er nahm mich mit zu sich nach Hause, stellte mich seinen Eltern vor, und ich besuchte ihn daraufhin häufiger – meistens in der Mittagspause zum Essen. Manchmal kam er sogar im tiefsten Winter mit dem Motorrad zu mir, auch wenn er durch Nebel oder Schnee fahren mußte. Und trotzdem – ich meinerseits liebte Mick nicht wirklich. Er war Diabetiker und mußte jeden Tag Insulin spritzen. Außerdem war er nicht gerade schlank. Schon oft hatte ich die Freundschaft beenden wollen, aber bevor es wirklich dazu kam, schob ich die Entscheidung immer wieder hinaus, weil mir der Junge leid tat. Schließlich rief ich ihn doch eines Tages an und sagte ihm, daß es mit uns beiden aus sei. Er weinte und versuchte verzweifelt, mich zu halten, aber ich blieb hart, obwohl mir das äußerst schwerfiel und ich mir vorkam wie ein Schuft. Aber ich wußte, daß es so nicht weitergehen konnte. Es fiel mir nicht leicht, Mick zu vergessen. Oft lag ich abends in meinem Bett und weinte, dann ich wußte genau, wie sehr ich ihn verletzt hatte. Manchmal überkam mich die Versuchung, zum Telefon zu gehen, ihn anzurufen und ihm zu sagen, wie leid mir alles tat. Andererseits wußte ich, daß ein solches Gespräch die Situation nur noch verschlimmert hätte.

Ungefähr ein Jahr später saß ich mit einer anderen Freundin – einem Mädchen namens Janet – in einem Café, als zwei junge Männer mit einem Auto angefahren kamen und uns fragten, ob wir ein wenig in der Stadt herumfahren wollten. Wir stiegen ein, und bald hatte jede von uns ihren Partner gefunden. Mein „Verehrer" hieß Terry. Ich sah ihn an und wußte sofort: „Das ist er. Das ist der Mann, den ich schon immer gesucht habe." Es war Liebe auf den ersten Blick. Das mag sich unglaublich schnulzig anhören, aber genauso war es – geradeso wie in den Songs der Popstars zum Thema Liebe. Er hatte blaue Augen, und ich bekam jedesmal Herzklopfen, wenn ich ihn ansah. Nie zuvor in meinem Leben hatte ich so etwas empfunden. Ich sehnte mich danach, in seinen Armen zu liegen, aber erstaunlicherweise machte er überhaupt keine plumpen Annäherungsversuche. Er brachte mich nur nach Hause und fragte mich nach meiner Telefonnummer.

In der folgenden Nacht tat ich kein Auge zu. Immer wieder sah ich Terrys Gesicht vor mir und hörte seine Stimme. „Wenn er mich nicht anruft, überlebe ich das nicht", dachte ich. Am nächsten Tag setzte ich mich neben das Telefon und ließ es nicht aus den Augen. Schließlich läutete es tatsächlich. Sofort lag meine Hand auf dem Hörer.

„Ja, hallo ..."

„Hallo! Maureen, bist du's?"

„Ja, hier spricht Maureen."

„Hier ist Terry. Wie sieht's aus, Maureen, können wir uns nicht irgendwann einmal treffen?"

„Ja, klar ... gerne."

„Was würdest du denn am liebsten machen? Ins Kino gehen, Auto fahren, tanzen gehen? Was würde dir am meisten Spaß machen?"

„Egal, Terry, irgendwas ..."

„Gut, soll ich dich morgen abend abholen? Dann können wir weiter überlegen?"

„Ist gut, Terry. Bis dann!"

So begann unser erstes Rendezvous. Wir verabredeten uns danach noch oft, und ich hatte das Gefühl, noch nie in meinem Leben so glücklich gewesen zu sein. Manchmal fuhren wir einfach nur ans Meer, legten uns an den Strand und redeten stundenlang miteinander. Ich liebte Terry, und er liebte mich auch, wie er sagte. Aber mein Glück dauerte auch dieses Mal nicht lange.

„Maureen", sagte er eines Abends. „Ich muß dir etwas sagen. Ich habe dir doch erzählt, daß ich mich bei der Armee beworben habe, als Freiwilliger?"

„Nein, das wußte ich nicht", antwortete ich und fühlte die Angst in mir hochkriechen.

„Doch, Schatz, ich habe es dir bestimmt gesagt. Das war schon immer mein Traum. Wie dem auch sei . . . sie haben mich genommen, und nächste Woche geht's los."

„Nächste Woche?! Heißt das, daß du dann weg bist?"

„Natürlich heißt es das. Ich muß schließlich meine Grundausbildung machen, und dann – wer weiß – werde ich vielleicht irgendwohin verschickt, irgendwohin in die große weite Welt. Reisen . . . das war schon immer mein Traum."

„Aber Terry", schluchzte ich, „was wird dann aus uns beiden? Liebst du mich denn gar nicht mehr? Gehst du einfach fort und vergißt mich?" Er nahm mich in seine Arme.

„Maureen, weine nicht, mein Schatz. Ich werde dich niemals vergessen. Ich komme doch wieder, spätestens, wenn ich Urlaub habe. Und ich werde dir bestimmt schreiben. Ich verspreche es. Und du mußt mir auch versprechen, daß du mir schreibst!"

Ich war keine besonders gute Briefschreiberin. Bisher gab es nur einige wenige Gelegenheiten in meinem Leben, wo ich einen Brief hatte schreiben müssen. Aber sobald Terry weg war, setzte ich mich hin und schrieb ihm einen Brief. Ich schrieb ihm, daß ich ihn liebte und wie sehr ich ihn vermißte. Jeden Tag saß ich da und wartete auf den Briefträger, in der Hoffnung, daß er einen Brief von Terry bringen würde. Dann schrieb ich ihm aufs neue und bat ihn inständig, doch zu antworten. Ich wartete und wartete, machte mir immer wieder Hoffnung, aber nichts geschah. Wieder und wieder schrieb ich ihm, bis ich schließlich den Eindruck hatte, als bestehe mein ganzes Leben nur noch aus dem morgendlichen Warten auf den Briefträger, dem Laufen zur Tür, wenn er kam, und der anschließenden Enttäuschung und den Tränen, wenn wieder keine Post für mich da war. Bald konnte ich kaum noch essen und begann, unter Schlafstörungen zu leiden. Ich dachte an nichts anderes als an Terry und durchlebte in meinen Gedanken und Träumen noch einmal die glücklichen Zeiten, als ich in seinen Armen lag. Ich hatte solche Sehnsucht nach ihm.

Irgendwann wurde mir schließlich klar, daß er mir niemals mehr schreiben würde. Trotz all seiner Versprechungen und Schwüre hatte er mich wohl vergessen. Ich wußte, daß ich ihn niemals vergessen konnte, und trotzdem zwang ich mich dazu weiterzuleben. Ich ging wieder mit meinen Freunden aus, ging ins Kino oder zum Tanzen, aber ich war nur mit halbem Herzen dabei. Mein Herz hing immer noch an Terry. Doch das Leben ging weiter ...

Eines Abends ging ich mit einer Freundin in ein Londoner Kino. Als der Film zu Ende war, spazierten wir noch ein wenig in der Stadt herum und gingen schließlich in ein Café, um eine Tasse Tee zu trinken. Als wir an unseren Tassen nippten, kam ein junger Mann herein, setzte sich zu uns und fing an, sich mit uns zu unterhalten. Er hieß Tony. Nach einiger Zeit fragte er, ob er mich nach Hause bringen dürfe. Ich willigte ein, und als wir vor meinem Haus angekommen waren, fing er an, mich zu küssen. Als seine Hände an mir herunterzuwandern begannen, wies ich ihn in scharfem Tonfall zurecht. Hinterher sagte er mir, daß er dafür dankbar gewesen sei. Hätte ich ihn gewähren lassen, hätte er mich nicht wiedersehen wollen, denn Mädchen, die leichte Beute waren, gefielen ihm nicht.

Ich traf mich dann regelmäßig mit Tony. Allerdings kam er zu jeder unserer Verabredungen zu spät. Ich erinnere mich noch gut daran, wie wir uns einmal in einem gemütlichen Londoner Pub trafen. Vor dem Eingang baumelte das von beiden Seiten beleuchtete Blechschild „Railway Arms“, und drinnen hing die obligatorische Scheibe zum „Darts“-Spielen. Unser Treffen lief darauf hinaus, daß ich mir etwas zu trinken bestellte, mich an einen Tisch setzte und mein Freund Tony den ganzen Abend damit beschäftigt war, die Pfeile auf die Darts-Scheibe zu werfen. Anschließend brachte er mich nach Hause und kam noch auf eine Tasse Tee herein. Als wir in der Küche saßen und uns küßten, lief plötzlich eine Maus über den Fußboden. Mit einem Aufschrei des Entsetzens hüpfte ich auf den nächstbesten Küchenstuhl und sah mich nach Tony um, der mir ja bestimmt zu Hilfe eilen würde. Weit gefehlt! Er war auch auf einen Stuhl gesprungen. Als meine Eltern hinzukamen, um nachzuschauen, was das Geschrei bedeutete, brachen sie in lautes Gelächter aus, als sie uns zwei Feiglinge auf den Stühlen kauern sahen.

Ich mußte es zugeben: Tony war ein schwacher Mensch. Trotzdem gefiel er mir immer besser, und auch er fand mehr und mehr Gefallen an mir.

Was ich jedoch Terry gegenüber empfunden hatte, konnte ich für Tony nicht fühlen. Dafür waren er und ich einander zu ähnlich. Genau wie ich war auch er ein ruhiger und schwacher Mensch mit keinen besonderen Interessen. Er arbeitete in einem Fischgeschäft und hatte beruflich keine großen Ambitionen. Auch fand ich nach einiger Zeit heraus, daß Tony krank war. Er war Epileptiker und litt unter gelegentlichen Anfällen. Eigentlich tat er mir leid. Es erging mir mit ihm genauso wie mit Mick, mit dem einzigen Unterschied, daß die Beziehung zu Tony inzwischen schon zu weit fortgeschritten war, als daß ich sie wieder hätte abbrechen können. Meine Eltern hielten nicht allzuviel von Tony, aber ich besuchte ihn oft zu Hause und kam mit seiner Familie gut aus. Seine Eltern mochten mich wirklich gerne.

Ich behandelte Tony nicht gut. Wenn wir zusammen auf einer Party eingeladen waren, trank ich eine Menge und flirtete den ganzen Abend mit den anderen Männern. Immer noch war ich darauf aus, von allen bewundert und verehrt zu werden. Als ich mit Terry befreundet war, hatte mir seine Liebe und Anerkennung vollkommen genügt, aber wenn ich mit Tony ausging, freute ich mich darüber, wenn andere junge Männer Bemerkungen darüber machten, wie gut ich aussah und wie glücklich sich Tony schätzen konnte, daß ich seine Freundin war. Manchmal traf ich mich sogar hinter Tonys Rücken mit anderen Männern und „knutschte" ein wenig mit ihnen. Es war immer das alte Lied: Ich suchte die Anerkennung der Menschen. Ich wollte mich wichtig fühlen und „für voll" genommen werden. Unter der Oberfläche war ich ein schüchternes Mädchen, aber ich trank mir so lange Mut an, bis ich mich entsprechend anzüglich aufführte und mich am Ende rundherum danebenbenahm.

Schließlich machte mir Tony eines Tages einen Heiratsantrag, den ich auch annahm. Meine Eltern waren über diese Verlobung überhaupt nicht glücklich. Sie hatten nicht den Eindruck, daß Tony der richtige Mann für mich war, auch, weil sie sich in seiner Gegenwart nicht besonders wohl fühlten. Jedesmal, wenn Tony bei uns zu Besuch war und meine Eltern das Zimmer betraten, nahm er Reißaus. Im tiefsten Inneren meines Herzens wußte ich selber, daß ich Tony nicht wirklich liebte, aber ich nahm ihn meinen Eltern gegenüber in Schutz und hielt zu ihm.

Dann geschah etwas ganz Furchtbares. Eines Sonntagmorgens läutete es, und David, ein Freund von Terry, stand vor der Haustür.

„Hallo, Maureen, wie geht's? Weißt du schon das Neueste? Terry ist wieder da, und er würde dich gerne treffen."

„O nein . . . wo ist er?"

„Unten in der Kneipe. Komm doch mit, Maureen. Er würde dich wirklich gerne wiedersehen!"

Ich wußte nicht, wie ich mich verhalten sollte. Ich hatte Angst davor, Terry wiederzusehen. Die ganze Vergangenheit würde wieder dann hochkommen. Schließlich wurde ich – mit Davids

Hilfe – doch weich und ging mit ihm zusammen in das Lokal. Kaum hatte ich Terry gesehen, wußte ich, daß ich ihn immer noch liebte.

„Hallo, Maureen“, sagte er. „Da bin ich wieder. Ich mußte dich einfach wiedersehen!“

„Nicht ein einziges Mal hast du mir geschrieben“, flüsterte ich.

„Ich weiß. Es tut mir unheimlich leid, wirklich. Du, Maureen, ich kann dir das jetzt nicht in allen Einzelheiten erklären, aber ich verspreche dir, ich mache alles wieder gut. Können wir nicht noch einmal von vorne beginnen?“

„Das geht nicht, Terry. Ich bin verlobt.“

„Ja, ich weiß. Hab' schon gehört. Aber ich glaube nicht daran, daß du den Typ wirklich liebst. Mach doch Schluß mit ihm. Komm zu mir zurück und heirate mich. Bitte, Maureen . . .“

Ich wußte nicht, wie mir geschah. Als ich sah, wie Terry eine kleine Schachtel aus seiner Tasche zog, stand ich kurz vor einem Ohnmachtsanfall.

„Ich habe schon die Ringe besorgt“, sagte er. „Wirklich, Maureen, dieses Mal meine ich es ernst.“

„Es geht nicht. Ich kann es nicht tun“, sagte ich, den Tränen nahe. „Das kann ich Tony nicht antun. Bitte verlang es nicht von mir, Terry.“

Terry ließ nicht ab, und innerlich verlangte mich danach, „ja“ zu sagen und in seine Arme zu sinken. Aber ich wußte, daß ich damit Tony das Herz brechen würde, und einen solchen Schmerz wollte ich ihm nicht zufügen. Schließlich gab mir Terry seine Telefonnummer und bat mich, ihn anzurufen, falls ich meine Meinung doch noch änderte. Als er das Zimmer verließ, mußte ich mich innerlich zusammenreißen, um ihm nicht nachzulaufen.

Noch am selben Nachmittag traf ich Tony. Er merkte sofort, daß ich ungewöhnlich still war und daß irgend etwas mit mir nicht stimmte. Er fragte mich, was geschehen sei. Ich sagte nichts, aber die Tränen schossen mir in die Augen. Schließlich fing auch er an zu weinen.

„Was ist los, Maureen? Habe ich irgend etwas falsch gemacht?"

„Nein, das ist es nicht, Tony."

„Aber was ist denn? Liebst du mich nicht mehr? Du liebst mich doch noch, Maureen, oder? Du willst mich doch noch heiraten?"

„Ja ... doch, natürlich will ich dich heiraten. Mach dir bitte keine Sorgen und reg dich nicht auf. Es ist alles in Ordnung."

Ich traute mich einfach nicht, ihm zu sagen, was vorgefallen war. Meine Eltern wußten genau Bescheid, und sie drängten mich, die Verlobung zu lösen.

„Maureen, du kannst nicht dein ganzes Leben opfern und Tony heiraten, wenn du in Wirklichkeit Terry liebst", sagte mein Vater. „Noch ist es nicht zu spät, die Verlobung zu lösen."

Aber ich hatte meinen Dickkopf. Ich hatte mich für Tony entschieden, und ich würde ihn nicht enttäuschen. Ich war fest entschlossen, die Hochzeit stattfinden zu lassen, und hielt an allen Vorbereitungen fest. Ich versuchte, mich davon zu überzeugen, daß ich Tony liebte, aber meinen Freundinnen konnte ich nichts vormachen. Eine von ihnen sagte mir sogar am Tag unserer Hochzeit: „Du heiratest Tony aus Mitleid und nicht, weil du ihn liebst."

Ich war bei weitem nicht so freudig erregt, wie es eine junge Frau normalerweise ist, wenn sie kurz vor der Hochzeit steht. Mein einziger Gedanke war: „Ich habe Terry verloren." Noch kurz vor der Hochzeit ging ich mit einem anderen jungen Mann aus, der mit Tony befreundet war. Mir war alles egal. Ich ließ mich einfach treiben. Tony und ich schmiedeten Pläne für die Hochzeit und für unser gemeinsames Leben, aber mir kam alles wie ein schlechter Traum vor. Wir kauften die Ringe, das Hochzeitskleid, überlegten, wen wir als Trauzeugen nehmen und wo wir hinziehen sollten. Schließlich war es soweit. Wenigstens war ich in der Nacht vor unserer Hochzeit ein wenig aufgeregt oder, besser gesagt: nervös. Am frühen Morgen ging ich in den Friseursalon des Cumberland Hotels und anschließend zur Maniküre. Alle kamen auf mich zu und fragten mich, wie ich mich fühle. Laura und Cecilia, meine Kolleginnen vom Hotel, die ich als Trauzeugen ausgewählt hatte, begleiteten mich zurück nach Hause. Dort aßen wir zusammen zu Mittag. Als wir schließlich zur Kirche aufbrachen, standen meinem Vater die Tränen in den Augen. Er hielt nichts von dieser Hochzeit, und trotzdem hatte er sich phantastisch geschlagen. Er hatte die ganzen Vorbereitungen in die Hand genommen und war noch am frühen Morgen zum Blumenmarkt gegangen, um Nelken zu besorgen. In der Kirche war alles bereit – für eine Hochzeitsgesellschaft von 150 Personen.

So endete mein Leben als Unverheiratete. Mit 19 Jahren wurde ich Tonys Frau – in der „St. Barnabas Church“, der Kirche, in der ich als kleines Mädchen im Chor gesungen hatte.

Im Hafen der Ehe

Tony und mir erging es besser als den meisten anderen jungen Ehepaaren. Wir hatten eine hübsche Wohnung gefunden und es sogar geschafft, sie vollständig einzurichten. Meine Eltern hatten die Kücheneinrichtung gekauft und wir die restlichen Möbelstücke. Unsere Wohnung hatte neben der Küche ein schönes Wohnzimmer, ein „Sonntagszimmer" (wie ich es von zu Hause gewohnt war) und ein Schlafzimmer mit zwei Fenstern, die sich zur Gartenseite hin öffnen ließen. Nach unserer Trauung gingen wir in unser neues Zuhause und wurden von dem Ehepaar, das ein Stockwerk über uns wohnte, herzlich begrüßt. Wir setzten uns mit ihnen zusammen auf unser Bett und öffneten einige der Hochzeitsgeschenke. Bald darauf verabschiedeten sie sich wieder und ließen uns allein.

Nun war ich also verheiratet. Freude jedoch konnte ich keine empfinden, denn ich wurde von starken Schuldgefühlen geplagt. Meine Eltern hatten sich soviel Mühe gegeben mit den Hochzeitsvorbereitungen. Tony liebte mich wirklich, und wir hatten dieses herrliche Fleckchen zum Leben gefunden. Ich hätte rundherum glücklich sein müssen, aber ich wußte genau, daß ich einen furchtbaren Fehler begangen hatte. Noch während der Trauzeremonie, als alle in bester Stimmung waren, hatte ich nur mühsam meine Tränen zurückhalten können. Terry ging mir einfach nicht aus dem Sinn, und ich dachte an nichts anderes als an ihn. Hätte ich doch nur ihn geheiratet und nicht Tony.

Eine Hochzeitsreise leisteten wir uns nicht. Am Montag nach unserer Trauung gingen wir beide wieder zur Arbeit. Wahrscheinlich war das gut so, denn ich brauchte die Zeit, um mich an mein neues Leben als Haus- und Ehefrau zu gewöhnen. Ich wollte alles daransetzen, um Terry zu vergessen und mich in der Rolle als Tonys Frau zurechtzufinden.

Ich behielt meine Stelle im Cumberland Hotel bei, und Tony arbeitete nach wie vor in einer Fischhandlung. Morgens verließen wir gemeinsam das Haus und fuhren mit demselben Bus zur Arbeit. Samstags, wenn ich schon um ein Uhr frei hatte, holte ich Tony ab, und wir gingen zu Fuß nach Hause. Dort türmte sich bereits die Hausarbeit. Ich hatte nichts gegen das Kochen. Das hatte ich von meinen Eltern durch einfaches Abgucken gelernt. Bügeln jedoch haßte ich wie die Pest. Ich brauchte eine geschlagene halbe Stunde, um für Tony ein Hemd zu bügeln. Und damals war ich noch bestrebt, es wirklich gut zu machen, damit Tony auch zufrieden war. Ich hatte es mir nämlich fest vorgenommen, eine gute Ehefrau zu werden. Tony half mir nicht ein einziges Mal bei der Hausarbeit. Er war andauernd müde, und wenn er von der Arbeit nach Hause kam, setzte er sich sofort vor den Fernseher, wo er bald darauf einschlief. Er konnte sich noch nicht einmal ein Butterbrot selber schmieren oder eine Tasse Tee zubereiten. Ich mußte ihn wie ein kleines Kind von vorne und hinten umsorgen. Mir war schon vorher klar gewesen, daß er ein schwacher, hilfsbedürftiger Mensch war, aber wie weit diese Hilfsbedürftigkeit ging, erkannte ich erst nach und nach. Noch nicht einmal eine Krawatte konnte sich mein Mann alleine binden, und selbst beim Telefonieren war er auf meine Hilfe angewiesen.

Vielleicht hing es auch mit Tonys Krankheit zusammen, daß er so schwächlich war. Als wir gerade drei Wochen verheiratet waren, hatte er eines Nachts einen Anfall. Ich hatte noch nie jemanden gesehen, der einen epileptischen Anfall hatte, und erschrak mich fürchterlich. Irgendwo hatte ich gehört, daß Epileptiker in der Gefahr stehen, sich die eigene Zunge zu zerbeißen, und so versuchte ich, meine Finger zwischen seine Lippen zu pressen – mit dem einzigen Erfolg, daß er mir in die Finger biß. Ich geriet fast in Panik, lernte es aber dann doch im Laufe der Zeit, mit seiner Krankheit umzugehen. Sie besserte sich auch bald, und die Anfälle traten immer seltener auf.

Im Laufe der Zeit litt ich in unserer Wohnung immer mehr unter Einsamkeit. Tony und ich redeten kaum noch miteinander. Mein Leben drehte sich im Kreis und bestand bald nur noch aus meiner Arbeitsstelle, meiner Hausarbeit und dem allabendlichen Blick auf Tony, der vor dem Fernseher auf dem Sofa eingeschlafen war. Manchmal raffte ich mich auf und ging zu Nicole, der jungen Frau, die über uns wohnte. Wir tranken eine Tasse Tee zusammen und unterhielten uns ein wenig, aber mit diesen Besuchen waren meine sozialen Kontakte auch schon erschöpft. Ich vermißte meine Mutter und meinen Vater, die ich nur sonntags traf. Als ich hörte, daß in ihrer Nähe eine Wohnung freiwerden sollte, wollte ich unbedingt umziehen. Auch meine Kusine, die frisch verheiratet war, zog dorthin. Sie nahm die Wohnung im Erdgeschoß, und Tony und ich zogen in die obere Wohnung. Aber auch in der neuen Umgebung veränderte sich unser Leben kaum. Tony half mir noch immer nicht bei der Hausarbeit. Trotzdem hatte er, wenn ich dann kam, noch nichts für das Abendessen vorbereitet, ja noch nicht einmal das Frühstücksgeschirr abgewaschen. Der einzige Tag, an dem wir etwas gemeinsam unternahmen, war der Samstagabend, an dem wir schon einmal zu einer Party oder in eine Kneipe gingen. Aber Tony beachtete mich kaum, wenn wir zusammen ausgingen. Zu diesem Zeitpunkt unserer Ehe empfand ich es noch als ungehörig, mit anderen Männern zu flirten, obwohl die Versuchung groß war.

Obwohl ich nun näher bei meinen Eltern wohnte und auch froh darüber war, verschlechterte sich die Beziehung zwischen Tony und mir nach dem Umzug weiter. Ich sah meine Eltern nun fast täglich und konnte nicht umhin, Tony mit meinem Vater zu vergleichen, der meiner Mutter beim Kochen, beim Einkaufen und der anderen Hausarbeit bereitwillig half. Er war ein so rücksichtsvoller und liebenswerter Mensch, und ich wünschte mir oft, daß Tony sich so verhalten würde wie er. Auch kam mein Vater öfters zu uns in die Wohnung, half beim Tapezieren und legte mit Hand an, wenn Tony irgend etwas nicht reparieren konnte oder wollte. Es war schon eine merkwürdige Situation, wenn ich heute darüber nachdenke. Ich lehnte mich an meinen Vater an wie eine Frau an ihren Ehemann und mußte gleichzeitig meinen richtigen Mann fast wie ein Kind behandeln. Allmählich gewann ich den Eindruck, daß Tony mehr auf der Suche nach einer Mutter als einer Ehefrau gewesen war. Meine intensive Beziehung zu meinem Vater gefiel ihm überhaupt nicht, und er war äußerst eifersüchtig auf meine Eltern. Er wußte genau, daß sie von ihm als Schwiegersohn nicht allzuviel hielten, und es gab über dieses Thema andauernd Streit zwischen Tony und mir.

Schließlich wurde ich schwanger. Nachdem meine Regel zweimal ausgeblieben war, eröffnete mir mein Arzt eines Tages, daß wir Nachwuchs erwarteten. Ich war außer mir vor Freude und konnte es kaum fassen. Schon immer war ich in Babys verliebt gewesen, und ich konnte mir nichts Schöneres vorstellen, als einmal selbst eins zu haben. Sofort lief ich nach Hause, um meinem Mann die freudige Nachricht zu übermitteln.

„Tony, Tony, stell dir vor, du wirst Vater!“

Er sah mich mit einem leeren Gesichtsausdruck an: „Wer, ich?“

„Ja, du!“ rief ich.

Seine Reaktion war für meinen Geschmack bei weitem nicht enthusiastisch genug. Ich bestand deshalb darauf, daß wir noch am selben Abend meine Eltern besuchten, um ihnen die frohe Nachricht zu überbringen. Daß sie genauso begeistert sein würden wie ich, war mir klar. Als ich es ihnen erzählte, hatten sie Tränen der Freude in den Augen. Meine Mutter drehte sich immer wieder zu meinem Vater um und sagte: „Jim, jetzt wirst du Großvater!“, woraufhin er antwortete: „Und du eine Oma!“

Während meiner Schwangerschaft wurde mir immer schmerzlicher bewußt, wie anders Tony als mein Vater war. Ich litt die ganze Zeit über an Ischias und hatte oft schwere Schmerzen, aber Tony bequemte sich noch immer nicht, die Betten zu machen oder beim Spülen zu helfen. Meine Eltern verachteten diese Faulheit. Mein Vater holte mich jetzt regelmäßig von der Arbeit ab und half mir beim Einkaufen, da ich den Heimweg sonst nur mühsam und unter Schmerzen hätte zurücklegen können.

Uns war klar, daß wir, wenn das Baby erst einmal geboren war, unmöglich in unserer Dreizimmerwohnung im obersten Stock bleiben konnten. Damals litt London unter starker Überbevölkerung, und die Regierung versuchte, die Menschen dazu zu bewegen, in ländlichere Gegenden zu ziehen. Im Rahmen eines staatlich geförderten Wohnungsbauprogrammes wurden in den Grafschaften rund um London preiswerte Reihenhäuser angeboten. Mein Onkel und meine Tante waren schon vor einiger Zeit nach Basingstoke gezogen und schlugen uns vor, in dieser Gegend nach einem Haus zu suchen. Wir erfuhren, daß die Wartezeit für ein solches Haus drei Monate betrug und beschlossen, daß Tony als erster nach Basingstoke ziehen sollte, um sich dort um eine Arbeitsstelle zu kümmern. Er suchte sich ein Zimmer, und ich sah ihn in dieser Zeit nur am Wochenende, wenn er nach Hause kam. Wir lagerten unsere sämtlichen Möbel aus, und ich zog wieder zu meinen Eltern, bis das Haus frei wurde.

Ich erinnere mich noch gut daran, wie sehr ich weinte, als ich mit Tony zum Bahnhof ging, um mich von ihm zu verabschieden. Es tat mir doch leid, daß er nun ganz alleine in der Fremde wohnen mußte und nur ein kleines Einzelzimmer hatte. Aber bald gewöhnte ich mich an die neue Situation, und in gewisser Weise waren die folgenden Monate die glücklichsten unserer Ehe. Während der Woche war es wie in alten Zeiten. Ich schlief in meinem alten Bett, ging tagsüber arbeiten und kam abends zu meinen Eltern nach Hause, um dann mit ihnen gemeinsam fernzusehen oder Radio zu hören. Die Distanz zu Tony wirkte sich positiv auf meine Liebe zu ihm aus. Ich vermißte ihn und freute mich auf seine Briefe und die Besuche am Wochenende. Da ich ihn nur einmal in der Woche sah, war es fast wieder so wie zu Beginn unserer Freundschaft, als wir gemeinsam Zukunftspläne schmiedeten. Inzwischen hatte Tony bei einer Baufirma einen Job als Lagerarbeiter gefunden, und auch die Formalitäten für den Einzug in unser Haus machten gute Fortschritte. Ich freute mich schon sehr auf die Ankunft des Babys und das gemeinsame Leben in unserem neuen Haus, genoß es in der Zwischenzeit aber auch, mich von meinen Eltern rundherum verwöhnen zu lassen. Sie achteten darauf, daß ich es mir gutgehen ließ und halfen mir dabei, einen Kinderwagen auszusuchen und Babykleider zu kaufen.

Ich hatte den errechneten Entbindungstermin bereits um drei Wochen überschritten, als ich ins Krankenhaus kam. Die Wehen mußten künstlich eingeleitet werden. Sie dauerten zwölf Stunden lang – eine Zeit, in der ich ganz allein war. Es war alles sehr schmerzhaft und anstrengend, aber dann, um kurz vor Mitternacht, war es soweit: Gary, ein wunderhübscher Junge, erblickte das Licht der Welt. Ich mußte vor Freude weinen, als ich den kleinen Kerl sah. Meine Kusine Carola rief kurz darauf im Krankenhaus an und war die erste, die die frohe Nachricht erfuhr. Sie machte sich sofort auf und rannte zum Haus meiner Eltern. Es war schon nach Mitternacht, und sie schliefen fest. Als es an der Haustür läutete, wankte mein Vater aus dem Bett und öffnete. Carola stand vor der Tür und sagte nur: „Maureen hat gerade einen Jungen bekommen!“ – „Ach ja, vielen Dank“, gähnte mein Vater, machte die Tür zu und wankte wieder ins Bett zurück. Nach ein paar Minuten drehte sich meine Mutter um und fragte ihn, wer denn da an der Tür gewesen sei. „Nur Carola ... Maureen hat einen Jungen“, murmelte er. Doch dann war er plötzlich hellwach: „Ein Junge! Maureen hat einen Jungen!“ freute er sich. Die beiden standen wieder auf, gingen in die Küche hinunter, machten sich eine Tasse Tee und freuten sich, daß sie nun Großeltern geworden waren.

Noch am selben Abend besuchten mich meine Eltern im

Krankenhaus, um mir einen Blumenstrauß und die ersten Glückwunschkarten zu bringen. Tony konnte mich erst am darauffolgenden Freitag besuchen. Nachdem er einen Blick auf seinen Sohn geworfen hatte, sagte er, daß er noch einmal zum Wohnungsbauamt gehen und den entsprechenden Stellen mitteilen wolle, daß er nun Vater sei. Vielleicht werde man sich ja dann bemühen, uns noch etwas früher ein Haus zur Verfügung zu stellen, so daß wir als Familie ein Dach über dem Kopf hätten. – Im Krankenhaus ging es mir nicht besonders gut. Die Babys wurden die ganze Nacht hindurch neben den Betten der jungen Mütter stehengelassen, und ich konnte mich kaum ausruhen oder schlafen. Auch war es sehr schwer, eine Krankenschwester zu finden, wenn ich Probleme mit dem Baby hatte, und da es mein erstes Kind war, hatte ich sehr oft Probleme. Ich hatte den Eindruck, daß Gary viel mehr schrie und viel öfter erbrach als die anderen Babys. Als ich das Krankenhaus verließ, war ich depressiv und völlig erschöpft. Ich fühlte mich in jeder Hinsicht überfordert. Wie gut, daß meine Mutter sich sofort bereit erklärt hatte, mir zu helfen.

Anfangs war ich in unserem neuen Haus recht glücklich. Ich war froh, endlich genug Platz und einen eigenen Garten zu haben. Und doch fühlte ich mich immer wieder einsam, denn ich vermißte meine Eltern. Da ich bis in den letzten Monaten meiner Schwangerschaft berufstätig gewesen war, konnte ich mich nur schwer daran gewöhnen, nun den ganzen Tag alleine zu Hause zu sein. Ich hatte mir die Zeit mit dem Baby so schön vorgestellt, aber nun stellte sich heraus, daß die Realität ganz anders aussah. Gary war andauernd schlecht gelaunt, schlief wenig, weinte den ganzen Tag und war oft krank. Ich fühlte mich mit der Aufgabe, ihn zu versorgen, völlig überfordert. Ich war unsicher und nervös und bin überzeugt, daß sich meine Ängstlichkeit auf ihn übertrug, was die Situation noch verschlimmerte. So saß ich manchmal den ganzen Tag im Haus und weinte vor mich hin. Ich war in einer fremden Stadt, hatte keine Freunde, niemanden, mit dem ich reden konnte, und fühlte mich von allen verlassen. Von Tony war keine Hilfe zu erwarten. Niemals badete er das Kind, fütterte es oder wechselte seine Windeln. Ihm ging es nur darum, in seiner Nachtruhe nicht gestört zu werden. Er merkte nicht, daß auch ich längst mit meinen Kräften am Ende war.

Ich war noch nie besonders kontaktfreudig gewesen, aber in der Zeit, als ich noch bei meinen Eltern wohnte und meiner Arbeit nachging, war das nicht weiter schlimm. Jetzt jedoch sehnte ich mich nach einer Freundin. Ich schaute den anderen jungen Müttern nach, sah, wie sie ihre Kinderwagen vor sich herschoben und sich unterhielten und fühlte mich furchtbar einsam. Unsere Nachbarin, die ich manchmal über den Gartenzaun beobachtete, schien sehr nett zu sein, aber ich traute mich nicht, sie anzusprechen, weil ich nicht wußte, woüber ich mit ihr reden sollte. Sie und ihr Mann machten einen so glücklichen Eindruck! Oft stand ich am Fenster und beobachtete, wie sie zusammen spazierengingen. Dann wurde ich schnell neidisch, denn Tony lag überhaupt nichts daran, mit seiner jungen Familie etwas zu unternehmen.

Eines Tages klopfte es, und Barbara, meine Nachbarin, stand vor der Tür. „Hallo, Maureen! Sag mal, ist alles in Ordnung? Ich wollte mich nur mal erkundigen, ob du vielleicht Hilfe brauchst ...“ Sie hatte noch nicht ausgeredet, als ich schon meine Fassung verlor und in Tränen ausbrach. Barbara, die mich kaum kannte, hatte bemerkt, was meinem eigenen Ehemann entgangen war: daß ich in eine tiefe Depression geraten war und dringend Hilfe brauchte. Ich erzählte Barbara, welche Schwierigkeiten ich hatte, mit Gary zurechtzukommen, und sie war äußerst hilfsbereit und mitfühlend. Sie bot an, mir das Kind für eine Zeitlang abzunehmen, wenn ich noch einmal das Gefühl haben sollte, nicht mehr zurechtzukommen.

Es war wirklich eine große Hilfe für mich, daß ich Gary nun von Zeit zu Zeit zu Barbara bringen konnte, obwohl ich mich immer noch einsam und deprimiert fühlte.

Die nächste Veränderung in meinem Leben ergab sich, als

meine Eltern sich entschlossen, ebenfalls nach Basingstoke zu ziehen. Tony und ich entschieden uns daraufhin, in einen Wohnpark mit dem schönen Namen „Winklebury" zu ziehen, ganz in der Nähe meiner Tante und meines Onkels und nicht weit entfernt vom neuen Wohnort meiner Eltern.

Nach unserem Umzug nach Winklebury ließ meine Einsamkeit allmählich nach. Ich konnte meine Eltern nun häufiger besuchen, hatte aber nach einiger Zeit wieder das Gefühl, das ich schon als Kind gehabt hatte – daß sie doch sehr mit sich selbst beschäftigt waren und ihre Tochter nicht dauernd um sich herum haben wollten. Vielleicht tat ich ihnen aber auch Unrecht mit diesen Gedanken, denn andererseits freuten sie sich sehr, wenn ich kam, und gaben sich auch Mühe, daß ich mich bei ihnen wohl fühlte. Auf jeden Fall war es eine Erleichterung für mich, sie in meiner Nähe zu wissen, falls ich einmal Hilfe brauchte.

Im Winklebury-Wohnpark herrschte reges Leben. Es gab eine Reihe von Veranstaltungen: mal gaben die Anwohner eine Party, mal organisierte die Gewerkschaft ein Treffen für die Arbeiter. Tony und ich besorgten uns deshalb für den Samstagabend einen Babysitter und gingen wieder regelmäßig zusammen aus. Wie zuvor schenkte mir Tony auch bei diesen Gelegenheiten keine besonders große Aufmerksamkeit, und ich revanchierte mich damit, daß ich nun doch anfing, mit anderen Männern zu flirten. Ich zog schicke Miniröcke an und tat alles, um möglichst attraktiv und verführerisch auszusehen. Mir ging es nicht darum, Tony zu betrügen, aber ich wollte meinen Spaß haben und sehnte mich nach der Liebe und Anerkennung, die Tony nicht geben konnte. Da ich mich weder von Tony geliebt fühlte, noch mir der Liebe meiner eigenen Eltern vollkommen sicher war, stand ich in der Gefahr, auf den erstbesten Mann hereinzufallen, der mich nett behandelte und mir zeigte, daß er mich bewunderte.

Nach einiger Zeit zog eine junge Frau namens Julia in unseren Wohnpark. Ihre Ehe stand kurz vor dem Scheitern, ihr

Mann hatte eine Affäre mit einer anderen Frau, und Julia war verzweifelt auf der Suche nach einer Freundin. Wir gingen abends öfters zusammen aus, tranken etwas und versuchten, mit Männern anzubändeln. Es war ein relativ harmloses Spiel, so wie zu den Zeiten, als wir beide noch unverheiratet waren. Später zog Julia nach Plymouth zurück, wo ihre Eltern wohnten, und meine sozialen Kontakte schliefen wieder ein, auch weil ich inzwischen zum zweiten Mal schwanger geworden war.

Graham war von Anfang an leichter zu handhaben, als es Gary gewesen war. Die Geburt verlief einfach, das Kind war rundherum „pflegeleicht", und ich kam viel besser mit ihm zurecht. Tony half mir immer noch nicht bei der Arbeit, aber jetzt hatte ich ja meine Eltern in der Nähe. Alles verlief wieder genauso wie nach Garys Geburt in London: Mein Vater half, das Kinderzimmer herzurichten und zu tapezieren und sorgte sich zusammen mit meiner Mutter um mein Wohlergehen – viel mehr als Tony es tat. Tony schien es gleichgültig zu sein, wenn ich mit zwei kleinen Kindern einkaufen ging und schwere Taschen nach Hause schleppen mußte. Er hatte kein Interesse daran, wie andere Väter samstags mit seiner Familie einkaufen zu gehen. Er unternahm auch nie etwas mit den Kindern, so daß ich immer zu meinem Vater gehen mußte, damit er mit den Jungen spielen ging. Papa erwies sich diesen Kindern als ein besserer Vater als Tony. Er führte sie aus, ging mit ihnen auf den Spielplatz und kaufte ihnen Geschenke. Tony wurde hierauf wieder sehr eifersüchtig, und es gab neuen Streit zwischen uns.

Mein Leben war alles andere als ideal, aber ich hätte mich mit meinem Schicksal abfinden können, wenn es mir nicht gerade in dieser Zeit einen Schlag versetzt hätte, von dem ich mich nicht wieder erholte. An einem düsteren Abend im Januar klopfte es, und zwei Polizisten standen vor der Haustür.

„Sind Sie Maureen Brown?"

„Ja . . . was ist denn los? Kommen Sie doch herein!"

„Könnten Sie uns zu Ihrem Elternhaus begleiten, Mrs. Brown? Es tut mir leid, aber ich habe eine schlimme Nachricht für Sie. Ihr Vater lebt nicht mehr. Er hat Selbstmord begangen!"

Ich folgte den Beamten zu ihrem Wagen und nahm kaum noch wahr, was um mich herum geschah. Ich konnte es nicht fassen, was sie mir soeben gesagt hatten. Wir fuhren zum Haus meiner Mutter, wo meine Tante schluchzend neben meiner Mutter saß. Ich lief in die Arme meiner Mutter, aber sie war noch zu verwirrt, um irgend etwas sagen zu können. Schließlich setzten wir uns, und meine Tante erklärte mir, was vorgefallen war. Mein Vater hatte sich in letzter Zeit gesundheitlich nicht wohl gefühlt. Er hatte Gewicht verloren und sich zu einem Untersuchungstermin im Krankenhaus angemeldet. Dazu kam es jedoch nicht mehr. Als meine Mutter von der Arbeit nach Hause kam, fand sie das Haus unbeleuchtet vor. Sie bemerkte den Gasgeruch und eilte in die Küche, wo sie meinen Vater über dem Herd liegen sah, eine Decke über den Kopf gezogen.

Ich konnte das alles nicht begreifen, und meiner Mutter ging es ebenso. Papa hatte das halbe Leben noch vor sich. Er war gerade vierundfünfzig Jahre alt. Meine Mutter und er liebten sich und waren glücklich in ihrer neuen Heimat in Basingstoke. Noch vor kurzem hatten sie eine Ferienreise gebucht und einen neuen Wagen gekauft. Die einzig mögliche Erklärung lag darin, daß mein Vater sich in die Gedanken um seine Gesundheit verrannt hatte. Er war in seinem Leben kaum krank gewesen und konnte schon den Gedanken an eine Krankheit nicht ertragen. Meine Mutter war davon überzeugt, daß er sich eingeredet hatte, seine Symptome seien Zeichen von unheilbarem Krebs und daß er aus dem Leben scheiden wollte, bevor er irgend jemandem zur Last fiel.

Aufgrund der besonderen Umstände des Todes meines Vaters wurde eine Autopsie angeordnet. Als man die Leiche untersuchte, fand man nicht die geringste Spur von Krebs. Mein Vater war vollkommen gesund gewesen. Wäre er doch nur zu der Untersuchung gegangen! Im Krankenhaus hätte man ihm bestätigt, daß alles in Ordnung war. Heute weiß ich, daß der Teufel unsere Angst dazu benutzen will, um unser Leben zu ruinieren.

Ich versuchte meine Mutter zu trösten, aber es wollte mir nicht recht gelingen. Wie gerne wäre ich bei ihr geblieben, aber das schien in der jetzigen Situation nicht möglich zu sein. Tony war nicht in der Lage, die Kinder zu versorgen, und zu meiner Mutter konnte ich sie auch nicht bringen. In einer Zeit, in der es ihr persönlich so schlechtging, wollte sie sich nicht zusätzlich noch um kleine Kinder kümmern müssen. Was mich selbst betrifft, so war ich noch eine ganze Zeitlang wie betäubt und unfähig, irgend etwas zu empfinden. Weinen konnte ich nicht. Es kamen einfach keine Tränen. Nach einigen Wochen stellte sich jedoch eine schwere Depression ein. Ich ging zum Arzt, und er erklärte mir, daß ich nach dem Tod meines Vaters an den Spätfolgen eines Schockzustandes litt. Er verschrieb mir einige Medikamente, die mir jedoch nicht weiterhalfen. Nachdem ich anfangs nicht in der Lage gewesen war zu weinen, konnte ich nun gar nicht mehr damit aufhören. Ich hatte das Gefühl, daß das Leben sinnlos geworden war und ich alles verloren hatte. Zwar hatte ich noch meine Mutter, meinen Mann und meine Kinder, aber der Mensch, der mir am meisten bedeutet hatte, war für immer von mir gegangen.

Tonys Gegenwart bot mir in dieser Zeit keinen Trost. Er war schon immer auf Papa eifersüchtig gewesen. Wahrscheinlich war meine tiefempfundene Trauer auch ein weiterer Beweis dafür, daß ich meinen Vater mehr geliebt hatte als ihn. Tony weigerte sich, mich zu begleiten, wenn ich zu meiner Mutter gehen wollte. Da er andererseits auch nicht auf die Jungen aufpassen wollte, wenn ich zu ihr ging, war es schwierig für mich, sie überhaupt zu besuchen, sosehr ich diesen Wunsch hatte. Wenn sie zu uns kam, gab es andauernd Spannungen und Reibereien. Tony sprach fast nie mit ihr, und sie regte sich darüber auf, daß er mir die ganze Arbeit liegenließ und immer nur darauf wartete, von mir bedient zu werden.

Nach und nach kam ich aus dem Loch meiner Depressionen heraus und fing wieder an, samstags abends auszugehen. Der Tod meines Vaters hatte jedoch einen anderen Menschen aus mir gemacht. Zwar hatten mich Tonys Fehler und seine mangelnde Liebe zu mir schon vorher dazu getrieben, die Nähe und Bewunderung anderer Männer zu suchen. Inzwischen aber ging es mir nicht mehr darum zu flirten und meinen Spaß zu haben, sondern ich war verzweifelt auf der Suche nach Liebe. Ich fühlte mich so leer und verloren ohne meinen Vater! Wenn ich auch gelegentlich daran gezweifelt hatte, daß er mich liebte: nun war mir das ganze Ausmaß seiner Zuneigung bewußt – wie lieb er mich behandelt hatte und wie mitfühlend er mit mir umgegangen war. Er war der einzige Mensch gewesen, der mich wirklich angenommen und geliebt hatte, und dieser Mensch lebte nicht mehr.

Tony hatte inzwischen Nachtschicht, und ich sah ihn kaum noch. Er kam morgens um halb acht zurück, ging sofort ins Bett und schlief bis etwa halb fünf. Um sechs ging er wieder zur Arbeit. Selbst an den Wochenenden sprachen wir kaum miteinander. Wenn Tony nicht gerade schlief oder vor dem Fernseher saß, hockte er mit den anderen Arbeitern zusammen im Verein und trank sein Bier ohne mich. Ihm lag nichts daran, mit mir und den Jungen zusammen etwas zu unternehmen. Ich brachte die Kinder deshalb öfters zu meiner Mutter und ließ Tony alleine zu Hause. Mama war jedes Mal froh, wenn wir kamen. Sie war immer noch sehr einsam, kam allerdings inzwischen besser mit ihrer Situation zurecht und erhielt auch sehr viel Unterstützung durch ihre Familie.

Nach einiger Zeit fing ich an, ohne Tony auszugehen. Es war eigentlich nur noch eine Frage der Zeit, bis ich einen anderen Mann traf. Ich hätte den erstbesten genommen, der bereit war, mir ein wenig Liebe und Wärme zu geben. Richard war von Beruf Anstreicher, war verheiratet und hatte eine Familie. Er ging sehr aufmerksam und liebevoll mit mir um und ließ keinen Zweifel daran, daß er mich als seine Geliebte haben wollte. Da

Tony nachts arbeiten mußte, war dies recht einfach zu bewerkstelligen. Ich traf mich abends mit ihm in unserem Haus, nachdem ich die Kinder zu Bett gebracht hatte. Mit Richard konnte ich viel besser reden als mit Tony. Er kaufte mir Geschenke, schien mich wirklich zu mögen, und auch ich redete mir ein, daß ich ihn liebte.

Dann mußte Richard nach London ziehen, und wir konnten uns nicht mehr so häufig treffen wie zuvor. Wir heckten jedoch einen Plan aus: Unter dem Vorwand, meine Tante besuchen zu wollen, fuhr ich mit den Jungen zusammen für eine Woche nach London. Auf diese Weise konnten wir uns jeden Abend treffen. Tony war von der Idee nicht gerade begeistert. Trotzdem brachte er uns zum Bus, und nicht lange nachdem wir uns voneinander verabschiedet hatten, waren die Kinder bei meiner Tante einquartiert. Ich verbrachte in dieser Woche jede Nacht bei Richard. Er bot mir sogar an, meinetwegen seine Frau zu verlassen, aber ich war dagegen. Ich wollte seine Familie nicht zerstören. Als Tony uns nach unserer Rückkehr wieder vom Bus abholte und sich erkundigte, wie es uns in London gefallen habe, fand ich es schwierig, ihn anzulügen. Aber ich sah keine andere Möglichkeit, denn ich wollte ihn nicht verletzen und mochte ihm deshalb nicht die Wahrheit sagen. Außerdem war ich mir ziemlich sicher, daß nach dieser Woche ohnehin das Ende meiner Beziehung zu Richard gekommen war.

Auch nachdem diese Affäre beendet war, ging ich weiterhin regelmäßig alleine aus. Ich hatte das Gefühl, daß dadurch mein Selbstvertrauen ungeheuer gestärkt wurde. Alle Männer, denen ich begegnete, fanden mich begehrenswert, und ich wurde ständig bedrängt, mit ihnen zu schlafen. Ich traf mich inzwischen regelmäßig mit einer alten Freundin aus London, die mit einem Mann namens Christopher verheiratet war. Chris hatte schon früher keinen Zweifel daran gelassen, daß er mich sehr attraktiv fand, und ich genoß es, von ihm bewundert zu werden. Endlich hatte ich das Gefühl, einem Menschen wirklich wichtig zu sein. – Ich möchte übrigens hinzufügen, daß ich bei all diesen Eskapaden niemals meine beiden Jungen vernachlässigte. Im Gegenteil: mein wiedergefundenes Selbstvertrauen hatte zur Folge, daß ich mit meinem Leben im allgemeinen besser zurechtkam, und dieser neue Schwung wirkte sich auch positiv auf die Erziehung meiner Kinder aus. Graham und Gary hatten sich inzwischen zu lebhaften kleinen Kerlen von einem und drei Jahren entwickelt, die voller Energie und Unternehmensdrang steckten. Oft ging ich mit ihnen nach draußen, spielte mit ihnen oder las ihnen etwas vor, immer darauf bedacht, daß sie genügend Liebe und Aufmerksamkeit bekamen.

Eines Abends – Tony war gerade zur Arbeit gegangen, und die Kinder schliefen schon – saß ich vor dem Fernseher, und es klingelte an der Haustür. Draußen stand Richard.

„Hallo, Maureen", sagte er. „Ich bin extra aus London hergekommen, um dich zu besuchen!"

„Mach daß du wegkommst!" sagte ich.

Ich hatte Richard schon fast aus meinem Gedächtnis gestrichen und wollte nichts mehr mit ihm zu tun haben. Er stellte jedoch seinen Fuß in die Tür, und es blieb mir nichts anderes übrig, als ihn hereinzulassen. Er erzählte mir, daß er eine Woche lang beruflich in Basingstoke zu tun habe. Wir unterhielten uns noch ein wenig, und er fing plötzlich an, mich zu befingern. Ich versuchte mich zu wehren, aber Richard verlor sofort die Beherrschung und wurde handgreiflich. Ich fing an zu weinen, denn ich hatte furchtbare Angst, daß er mich schlagen würde, daß die Kinder aufwachen könnten und daß Tony Wind von der Sache bekommen würde. Schließlich beruhigte Richard sich wieder und entschuldigte sich. „Es tut mir leid, Maureen. Ich habe so lange auf diese Gelegenheit gewartet. Jetzt weiß ich, daß ich dich wirklich liebe. Ich will immer bei dir bleiben."

Ich wußte nicht, was ich dazu sagen sollte. Eigentlich mochte ich diesen Mann nicht, aber dann fiel ich doch auf seine Überredungskünste und schönen Worte herein und hatte gegen seine Küsse nichts mehr einzuwenden. Als ich ihn schließlich bat zu gehen, war es schon sehr spät, und ich konnte die ganze Nacht nicht schlafen. Sogar der ansonsten nicht sehr sensible Tony merkte am nächsten Morgen, daß etwas mit mir nicht stimmte. Ich redete mich damit heraus, daß ich schlecht geschlafen hätte. Den ganzen Tag über war ich unruhig und traute mich nicht, aus dem Haus zu gehen. Ich hatte Angst davor, Richard irgendwo zu treffen. Es war ihm sogar zuzutrauen, daß er versuchen würde, mich zu besuchen, obwohl Tony zu Hause war.

Schließlich bekam ich auch Besuch, allerdings war es nicht Richard, sondern Chris, der Mann meiner Londoner Freundin. Wir setzten uns ins Wohnzimmer und unterhielten uns ein wenig. Die Kinder waren von Chris sofort angetan und baten ihn, doch mit ihnen zu spielen. So ging es immer, wenn jemand zu Besuch kam, denn Tony spielte fast nie mit seinen Kindern. Nach einiger Zeit setzte sich Chris wieder zu mir und fing an, mir neue Liebeserklärungen zu machen. Noch vor kurzem hatte ich es genossen, wenn Männer Annäherungsversuche machten, aber inzwischen war ich innerlich so verwirrt und durcheinander, daß ich damit nichts mehr zu tun haben wollte.

„Hör doch auf damit, Chris", sagte ich. „Ich will nichts mehr davon wissen. Ich liebe Tony, ich liebe meine Kinder, und ich möchte niemandem weh tun."

Chris sah mir in die Augen und sagte: „Schon damals in London war ich in dich verliebt, Maureen."

Es stimmte. Chris war sogar derjenige gewesen, der mir am Tage meiner Hochzeit ins Gesicht gesagt hatte, daß ich Tony nur aus Mitleid heiratete. Ihm konnte ich nichts vormachen. Er wußte, wie leer meine Beziehung zu Tony von Anfang an gewesen war.

„Trotzdem, ich will nicht", antwortete ich. „Tut mir leid, Chris, aber es hat keinen Zweck."

„In Ordnung, Maureen. Aber bitte vergiß es nie: Ich liebe dich wirklich und warte auf dich. Vielleicht überlegst du es dir ja noch einmal."

Nachdem Chris gegangen war, fühlte ich mich innerlich sehr aufgewühlt. Ich wußte, daß ich weder ihn noch Richard liebte.

Am liebsten wäre ich davongerannt und hätte mich in irgendein Mauseloch verkrochen. Dann kam mir ein anderer Gedanke. Vielleicht sollte ich, um einmal aus dem Haus zu kommen, versuchen, eine Teilzeitarbeit zu finden. Das würde mir eine gewisse Unabhängigkeit verschaffen und mich auf andere Gedanken bringen. Bald fand ich in der Zeitung eine Stellenanzeige. Die Grundschule in Basingstoke suchte eine Putzhilfe. Ich fragte Tony, was er davon hielte, wenn ich mich bewerben würde.

„Auf die Dauer wird es mir langweilig, immer hier zu Hause herumzusitzen", sagte ich ihm.

„Na gut, aber wer soll dann auf die Jungen aufpassen?" fragte er.

„Es ist doch nur für eine oder zwei Stunden am Nachmittag", antwortete ich. „Du müßtest dann eben um vier Uhr aufstehen und dich um die Kinder kümmern, bis ich um halb sechs zurückkomme."

Tony war zwar nicht begeistert, hatte aber nichts dagegen einzuwenden. So nahm ich am nächsten Morgen meine beiden Jungen, ging zur Grundschule und fragte, ob die Stelle noch zu haben sei. Ich hörte, daß sie noch frei sei und daß ich um halb fünf wiederkommen solle, um mich vorzustellen. Auf dem Rückweg sah ich Richard auf einem Gerüst stehen. Er war mit Anstreichen beschäftigt, und ich tat so, als hätte ich ihn nicht gesehen. Mein Herz schlug bis zum Hals. Hoffentlich hatte er mich nicht bemerkt.

Um vier Uhr weckte ich Tony, übergab ihm die Kinder und machte mich auf zu meinem Vorstellungsgespräch. Der erste Mensch, der mir in der Schule begegnete, war ein großer Mann mit einer schicken blauen Samtjacke. Er trug eine Fliege und eine Nadelstreifenhose und sah äußerst beeindruckend aus. „Wahrscheinlich der Direktor . . ." dachte ich. Dann wurde ich in das Sekretariat geführt und dem Direktor vorgestellt, der allerdings nicht identisch war mit dem Mann, den ich gesehen hatte. Die Vorstellung war schnell beendet. Ich erfuhr, daß ich angestellt war und gleich am nächsten Tag mit meiner Arbeit beginnen konnte. Als die Sekretärin mich hinausbegleitete, sagte sie: „Bevor Sie wieder gehen, möchte ich Sie noch schnell unserem Hausmeister vorstellen. Er kann Ihnen zeigen, wo die Sachen stehen und was im einzelnen zu tun ist.“ Und wieder war ich bei dem Mann mit der Samtjacke! „Das ist Ron Sims, unser Hausmeister. – Ron, ich möchte Ihnen Maureen Brown vorstellen. Sie fängt morgen als Putzhilfe an. Vielleicht zeigen Sie ihr noch gerade, wo die Geräte stehen.“

Ron zeigte mir, wo die Besen und Putzlappen aufbewahrt wurden, und erklärte mir, was ich zu tun hatte, aber ich konnte ihm kaum zuhören. Ich dachte nur: „Was für ein Mann ...“ Ich war absolut hingerissen von ihm. Er war groß, muskulös und sehr männlich. Sein Gesichtsausdruck war einerseits herb, aber gleichzeitig entdeckte ich in seinen Augen und um seinen Mund einen Hauch von Zartheit und Sensibilität, der mir die Knie weich werden ließ. Während ich mit ihm sprach, hörte ich mein Herz klopfen. Ich mußte ihm immerzu in die Augen sehen. Schließlich sagte er: „Dann bis morgen, Maureen. Ich freu mich schon richtig darauf, mit Ihnen zusammenzuarbeiten.“ Er brachte mich noch zur Tür, und als ich ein Stück den Schulhof hinuntergegangen war, drehte ich mich noch einmal um. Immer noch stand Ron in der Tür und sah mir nach.

Als ich nach Hause kam, wartete Tony schon darauf, daß ich ihm sein Abendessen zubereitete. Nach dem Essen verschwand er zur Arbeit und fragte nicht mehr nach der Stelle. Ich hatte ihm von mir aus auch nichts davon erzählt. Am selben Abend kam Richard wieder an. „Sag mal, warum hast du so getan, als hättest du mich nicht gesehen, als ich auf dem Gerüst stand?“ fragte er. „Und was hast du in dieser Schule gemacht?“ – „Ich habe dich nicht gesehen“, log ich ihn an. Er schien mir nicht zu glauben, aber ich ignorierte seinen mißtrauischen Gesichtsausdruck.

„An der Schule habe ich mich um eine Putzstelle beworben. Ich kann morgen schon anfangen. Gut, nicht?“

Richard interessierte sich nicht für meine Putzstelle. Statt dessen versuchte er mich zu überreden, mit ihm zu gehen. Ich erklärte ihm jedoch, daß ich kein Interesse daran hätte, zwei Familien zu zerstören und daß ich deshalb bei Tony bleiben würde. Ich hatte inzwischen richtige Angst vor Richard, war innerlich furchtbar unruhig und hatte nur einen Wunsch: endlich herauszukommen aus dieser Beziehung. Richard schien das alles nicht zu verstehen. Er fing schon wieder an, Annäherungsversuche zu machen. Es gelang mir jedoch, ihn loszuwerden, denn ich gab vor, Tony könne jeden Moment zurückkommen.

In jener Nacht fand ich keinen Schlaf. Jedesmal, wenn ich ein Geräusch hörte, dachte ich, Richard wäre noch einmal zurückgekommen und hätte herausgefunden, daß ich ihn belogen hatte. Ich hatte Angst, daß Tony erfahren könnte, daß ich ihn mit Richard betrogen hatte, hatte Angst, daß auch meine Mutter es erfahren könnte, und Angst, daß den Kindern etwas zustoßen würde. Und noch eine andere Sache raubte mir den Schlaf: Jedesmal, wenn ich die Augen schloß, sah ich vor meinem inneren Auge einen großen, schlanken Mann. Er trug eine Samtjacke und sah mir nach, wie ich aus der Schule nach Hause ging.

Als Tony am nächsten Morgen nach Hause kam, fiel ihm die Stelle wieder ein, und er fragte mich, ob ich die Arbeit bekommen hätte.

„Ja, heute nachmittag um vier Uhr kann ich anfangen!"

„Das heißt, ich muß früher aufstehen", brummelte er. „Na, dann verschwinde ich am besten direkt ins Bett . . ."

Irgendwie gelang es mir, mit der Hausarbeit fertig zu werden, obwohl ich sehr aufgeregt und nervös war. Um halb vier hörte ich mit der Arbeit auf und begann, mich zurechtzumachen. Ich wunderte mich über mich selbst, denn ich merkte, daß ich mir dieses Mal besondere Mühe mit dem Kämmen und Schminken gab. Dann zog ich einen dünnen Pullover und einen Minirock an, geradeso, als ob ich mich zum Ausgehen fertigmachte und nicht zum Putzen von Klassenräumen und Toiletten. Ich beruhigte mich damit, daß ich wegen der Aufregung um Richard ein wenig nervös war und daß ich mich darauf freute, mit der neuen Arbeit anzufangen. Trotzdem: Wenn ich ehrlich war, mußte ich zugeben, daß es nur einen Grund gab, warum ich so viel Wert auf mein Äußeres legte: Ich konnte es kaum erwarten, Ron Sims wiederzutreffen.

Ron

Es war noch nicht eine Woche vergangen, seit ich mit meiner Arbeit an der Schule begonnen hatte, und schon war ich bis über beide Ohren in Ron Sims verliebt. Jedesmal, wenn er mit mir sprach, bekam ich weiche Knie. Mein ganzes Leben bestand nur noch aus dem Warten auf den Nachmittag, wenn ich endlich wieder zur Arbeit gehen und ihn sehen konnte. Ich war mir ziemlich sicher, daß Ron meine Gefühle erwiderte. Ständig kam er zu mir herüber, um sich zu erkundigen, wie ich mit der Arbeit zurechtkäme, und blieb dann noch eine ganze Weile, um sich mit mir zu unterhalten. An der Schule arbeiteten noch drei weitere Putzkräfte. Wir vier trafen uns jeden Nachmittag in der Pause und tranken mit Ron zusammen eine Tasse Tee. Jedesmal, wenn ich zu ihm hinübersah, schaute auch er mich an, und ich hatte den Eindruck, daß immer, wenn wir uns in die Augen sahen, Botschaften und Gedanken zwischen uns ausgetauscht wurden, die nur für uns beide bestimmt waren. Tagsüber, wenn ich einkaufen gehen mußte, legte ich meine Besorgungen so, daß ich an der Schule vorbeigehen mußte, denn ich hoffte, Ron dort zu treffen. Fast immer stand er am Fenster und hielt Ausschau nach mir. Meist kam er auch noch kurz heraus, und wir hielten ein Schwätzchen.

Im Laufe der Zeit vertraute mir Ron einiges aus seiner Vergangenheit an. Ich erfuhr, daß er verheiratet war, vier Kinder hatte und daß seine Frau ihn verlassen hatte. Sie lag im Streit mit ihm und ließ es noch nicht einmal zu, daß er seine eigenen Kinder besuchte. Er erzählte mir, wie sehr er seine Kinder liebte und wie er darunter litt, daß seine Frau so gemein zu ihm war.

Er tat mir unendlich leid, und ich wünschte mir nichts mehr, als ihn trösten zu können. Es war jedoch eine ganz andere Art von Mitleid als das, welches ich für Tony empfunden hatte. Diese zwei Männer waren grundverschieden. Ron war ansonsten sehr selbstbewußt und männlich, eine starke, extrovertierte Persönlichkeit, dessen Verletzlichkeit in diesem einen Punkt ihn mir nur noch liebenswerter erscheinen ließ.

Noch nie zuvor in meinem Leben war mir ein Mensch wie Ron begegnet. Ihm hing der Ruf eines Playboys an, und so ganz aus der Luft gegriffen war dieses Image nicht. Er kleidete sich gerne extravagant und fuhr einen großen amerikanischen Straßenkreuzer. Er war gewiß ein Typ von Mann, der wußte, wie man mit Frauen umgeht und wie man sie am besten anspricht. Wenn er sich mit mir unterhielt, hatte ich stets das Gefühl, daß ich ihm wirklich wichtig war.

Wochenlang konnte ich an nichts anderes denken als an Ron. Immer mehr verliebte ich mich in ihn, und ich wußte, daß er mich ebenfalls mochte. Ich genoß es, daß wir uns während der Arbeitszeit immer wieder zu einem kurzen Treffen davonstehlen konnten, war aber inzwischen mit diesen kurzen Treffen nicht länger zufrieden. Ich träumte davon, einen ganzen Abend mit Ron zu verbringen. Schließlich beschloß ich, diesbezüglich etwas zu unternehmen. Normalerweise war ich jemand, der darauf wartete, daß die männliche Seite den ersten Schritt unternahm, aber meine Liebe zu Ron hatte mich mutig und entschlossen gemacht, was sonst gar nicht meine Art war. Eines Tages ging ich, kurz bevor ich meine Arbeit beendet hatte, zu Ron und sagte ihm:

„Hör mal, Ron, Tony arbeitet doch die ganze Nacht. Er geht um sechs aus dem Haus. Hättest du nicht Lust, heute abend vorbeizukommen?“ Ron dachte nach.

„Hm, ich weiß nicht . . .“

„O bitte, Ron“, bettelte ich. Wir könnten uns so schön unterhalten. Hier können wir gar nicht richtig miteinander reden.“

„Okay, um acht bin ich bei dir.“

Ich drückte ihm schnell einen Kuß auf die Wange, bevor er es sich wieder anders überlegte. Mir war ganz schlecht vor Aufregung. Endlich eine Gelegenheit, mit Ron alleine zu sein! Ich ging nach Hause und versuchte, mich Tony und den Kindern gegenüber so normal wie möglich zu verhalten. Aber dauernd spürte ich die Aufregung im Magen und hörte mein Herz klopfen. Als Tony zur Arbeit gegangen war, beeilte ich mich, die Kinder ins Bett zu bringen. Dann nahm ich ein ausführliches Bad, schminkte mich und zog die schicksten Sachen an, die ich besaß. Als ich gerade dabei war, ein letztes Mal meine Lippen nachzuziehen, klingelte es an der Tür. Ich sah auf meine Uhr: erst halb acht. Ob Ron früher gekommen war? Ich eilte im Laufschritt die Treppen herunter und öffnete die Tür. Es war Richard. Das Lächeln erstarrte auf meinen Lippen. Es war Wochen her, seit ich etwas von ihm gesehen oder gehört hatte. Ich war davon ausgegangen, daß er sich damit abgefunden hatte, daß es aus war zwischen uns. Er war wahrlich der letzte Mensch, dem ich heute abend begegnen wollte.

„Schöne Überraschung, was?“ grinste er.

Ich sagte kein Wort. Sprachlos stand ich in der Haustür und wußte nicht, wie ich mich verhalten sollte. Ron konnte jeden Augenblick kommen. Ich hoffte nur, daß es mir gelingen würde, Richard noch rechtzeitig loszuwerden.

„Na, willst du mich nicht hereinbitten?“ fragte er.

Jetzt konnte ich seinen Atem riechen. Er hatte getrunken.

„Nein! Ich hätte nicht gedacht, daß du noch einmal kommen würdest. Es tut mir leid, aber es ist vorbei!“

„Was soll das heißen, es ist vorbei?“ bellte er.

„Ich habe einen anderen Mann gefunden“, sagte ich. „Jemanden, den ich wirklich liebe.“

Ich hätte nichts Schlimmeres sagen können. Richard schäumte vor Wut. Sein Gesichtsausdruck erstarrte.

„Du Nutte!“ schrie er mich an.

Ich hatte Angst, er könnte zuschlagen, und versuchte die Tür wieder zu schließen, aber sein Fuß war dazwischen.

„Bitte, Richard ... bitte, geh doch", schluchzte ich. Ich hatte Angst, daß er gewaltsam ins Haus eindringen würde, und Angst, daß Ron kommen könnte, wenn er im Haus war. Plötzlich wankte Richard leicht, und sein Fuß glitt von der Türschwelle. Diese Gelegenheit ließ ich mir nicht entgehen. Blitzschnell warf ich die Tür zu. Sofort fing Richard an, von außen mit den Fäusten gegen die Tür zu hämmern. Er brüllte, ich solle ihn wieder hereinlassen, aber ich kauerte nur stumm hinter der Tür und weinte. Nach einiger Zeit hörte der Lärm auf. Ich wartete noch ein paar Minuten und lugte dann vorsichtig durch das Fenster, um mich zu versichern, daß er tatsächlich gegangen war. Im gleichen Moment sah ich Ron um die Ecke biegen und auf das Haus zukommen. Als er klingelte, öffnete ich die Tür nur einen Spalt weit und flüsterte: „Komm 'rein, schnell!"

Das war wohl kaum der passende Auftakt zu dem romantischen Abend, von dem ich so lange geträumt hatte. Ich zitterte am ganzen Leibe, die Tränen waren noch nicht getrocknet, und mein mühevoll aufgetragenes Make-up war über das ganze Gesicht verteilt.

„Was ist los, mein Schatz?" fragte Ron. „Warum bist du so verstört?"

„Ein Mann war hier ... Ich ... ich hatte solche Angst!"

„Was für ein Mann? Erzähl mir alles in Ruhe."

Und so kam es, daß ich Ron in allen Einzelheiten von Richard erzählte. Noch während ich sprach, merkte ich, daß sich sein Gesichtsausdruck zunehmend veränderte. Als ich meine Geschichte beendet hatte, wandte Ron sich ab.

„Dann gehe ich wohl besser", sagte er bitter.

Ich war am Boden zerstört. „Aber warum denn, Ron? Warum? Bitte geh nicht von mir!"

„Ich dachte, du wärest anders. Ich habe die Nase voll von Frauen, die von einem Liebhaber zum anderen hüpfen. Ich bin von meiner eigenen Frau genug enttäuscht worden. Mit solcher Art von Frauen will ich nichts mehr zu tun haben."

Ich brach in Tränen aus. Ich hatte das Gefühl, das Herz

würde mir im Leibe zerbrechen, wenn Ron mich in dieser Situation verlassen würde. Ich legte den letzten Rest von Stolz ab, warf mich in seine Arme und bat ihn inständig zu bleiben.

„Ich bin nicht so, wie du denkst, Ron, wirklich nicht. Bitte bleib bei mir. Ich habe sonst doch niemanden. Ich liebe nur dich und niemanden sonst", schluchzte ich.

Ron sagte eine Zeitlang gar nichts. Dann drückte er mich an sich und sagte:

„Ist schon gut, ich bleibe."

Nachdem er diese Entscheidung einmal getroffen hatte, benahm er sich, als wäre nichts geschehen. Auch meine Tränen trockneten schnell, und Ron griff in eine große Einkaufstasche und überreichte mir einen wunderschönen Blumenstrauß. Als er das zweite Mal in die Tasche griff, glaubte ich, meinen Augen nicht zu trauen. Er holte ein riesiges Steak hervor, dazu Gemüse, eine Flasche Wein und zwei Kerzen.

„Setz dich, Maureen, ich mach uns was zu essen", sagte er. Er verschwand in der Küche, geradeso, als wäre es seine eigene, und grillte in aller Ruhe das Steak, bereitete Pommes frites zu und gab die Erbsen und Tomaten in einen Topf. Ich traute meinen Augen nicht. Als er fertig war, öffnete er die Weinflasche, zündete die Kerzen an, holte zwei Teller aus dem Schrank, und wir begannen zu essen. Alles schmeckte hervorragend, und doch war ich kaum in der Lage, das Essen gebührend zu würdigen. Noch zu aufgewühlt waren meine Emotionen: Erst der Aufruhr mit Richard, dann die verzweifelte Angst, Ron könnte mich verlassen, und jetzt das Staunen über den wunderbaren Mann, der mich so königlich bediente. So etwas hatte ich noch nicht erlebt. Bisher war ich immer diejenige gewesen, die andere bedient hatte. Tag für Tag hatte ich für Tony kochen müssen, und noch nie hatte mir ein Mann das Essen bereitet – außer natürlich mein Vater, der von Beruf Koch war.

Als wir fertig waren, nahm Ron meine Hand und geleitete mich ins Wohnzimmer, wo ein Feuer im Kamin brannte. Vor diesem Feuer ließen wir uns nieder und sanken einander in die

Arme. Mir kam das alles wie ein Traum vor, und ich hatte nur Angst, daß ich daraus irgendwann einmal erwachen könnte. Ich schwebte im siebten Himmel der Liebe und wußte nur noch eins: Immer wollte ich bei Ron bleiben und alles würde ich daransetzen, um dieses Ziel zu erreichen.

„Hallo, Maureen, komm mal schnell hier herein!"

Ich war gerade in der Schule angekommen, wo Ron wohl schon auf mich gewartet hatte. Er führte mich in ein leeres Klassenzimmer und schloß die Tür hinter uns. „Rate mal, was es Neues gibt. Ich habe eine tolle Überraschung für dich", sagte er, während seine Augen siegesgewiß strahlten.

„Was gibt's denn?" fragte ich neugierig.

„Ich habe ein Plätzchen für uns zum Wohnen gefunden", sagte er. „Nur du und ich alleine ... zwar nur einen Wohnwagen, aber dort wären wir ungestört."

Ich war sprachlos. Ron deutete mein Zögern zunächst als Ablehnung und setzte seinen ganzen Charme ein, um mich zu überreden.

„Bitte, Maureen, komm doch mit mir. Ich liebe dich so sehr."

Ich schlang die Arme um ihn. „Natürlich komme ich mit. Ich möchte immer bei dir sein, Ron." Doch dann fielen mir plötzlich die Kinder ein, und ich zögerte. „Aber Ron, was ist mit meinen Kindern? Ich kann sie doch nicht alleine lassen."

„Bring sie einfach mit!"

„Meinst du wirklich? Bist du sicher, daß du sie haben willst?"

„Ich werde sie behandeln, als wären es meine eigenen", verkündete er feierlich. „Sie gehören zu dir, und von nun an gilt: Alles, was dein ist, ist auch mein."

Dann beschrieb mir Ron den Wohnwagen in allen Einzelheiten. Er erzählte, daß er auf einem Campingplatz in Hook stehe, einem kleinen Dorf, das ungefähr zehn Kilometer weit entfernt und ganz in der Nähe der Autobahn war. Im Moment jedoch war ich noch zu fassungslos vor Glück, um mir solche Details zu merken. Wir einigten uns, daß ich mich mit den Kindern noch am selben Abend bereithalten würde und daß Ron uns mitsamt dem Gepäck um sieben Uhr abholen würde.

Den Rest des Nachmittags erlebte ich wie in einer Trance. Mein überschäumendes Glücksgefühl wurde nur von einem einzigen Gedanken getrübt: Wie bringe ich es Tony bei? Mir war klar, daß mein Weggehen für ihn ein schlimmer Schlag sein würde, der ihn vollkommen aus heiterem Himmel traf. Er behandelte mich zwar nicht besonders gut, aber ich wußte, daß er mich auf seine Art liebte. Vor allem war er von meiner Fürsorge abhängig. Da ich den Tod meines Vaters noch immer nicht überwunden hatte, bestand meine Hauptsorge darin, daß Tony in den Selbstmord getrieben werden könnte. Als ich zu Hause angekommen war und Tony gegenüberstand, war mir sofort klar, daß ich nicht den Mut aufbringen würde, es ihm direkt zu sagen. Ich beschloß daher, ihm eine Nachricht zu hinterlassen. Nachdem er zur Arbeit gegangen war, begann ich damit, die Kinder fertig zu machen und unsere Sachen zu packen. Dann schrieb ich Tony einen Brief und versuchte ihm zu erklären, was ich vorhatte. Ich schloß ihn mit den Worten: „Bitte mach keine Dummheiten. Versuche, jemand anderes zu finden. Es tut mir leid. – Maureen.“

Für weitere Aufregung blieb mir keine Zeit, denn Ron kam schon früher als erwartet. Es war alles andere als einfach, unser sämtliches Gepäck samt drei Personen in seinem Wagen zu verstauen. Nach mehreren vergeblichen Versuchen sahen wir, daß es nicht ging. Ron schlug vor, erst einmal das Gepäck zum Campingplatz zu bringen. Anschließend wollte er dann zurückkommen, um uns abzuholen. Nach einiger Zeit fing ich an, mir Sorgen zu machen, denn Ron blieb viel länger als erwartet, und die Kinder wurden langsam unruhig. Sie verstanden überhaupt nicht, was vor sich ging, freuten sich aber sehr darauf, in Rons großem Auto fahren zu dürfen. Als ich mir gerade einzureden begonnen hatte, daß er auf Nimmerwiedersehen mit unseren Sachen verschwunden war, hörte ich den Wagen draußen vorfahren. Schnell packte ich die Jungen auf die Rücksitzbank und stieg dann selbst ein. Ein letztes Mal schloß ich die Haustür, und los ging es. Wir bogen um die Ecke, ohne daß ich mich noch einmal umsah.

Unser Wohnwagen

Als wir auf dem Campingplatz in Hook ankamen, war es schon dunkel. Allzu viele Einzelheiten waren nicht mehr zu erkennen. Ich sah weder, wie groß der Platz war, noch wie unser Wohnwagen von außen aussah. Wir gingen direkt hinein. Ron stellte unsere Taschen und Koffer ab und sah mir in die Augen.

„Glücklich, mein Schatz?"

„Ja, Ron, ich bin so froh, daß ich bei dir bin."

Ich verspürte ein ungeheures Glücksgefühl, als Ron mich umarmte. Endlich waren wir zusammen und würden es für immer bleiben. Während ich unsere Sachen auspackte und die Jungen ins Bett brachte, sah ich mir unser neues Zuhause ein wenig genauer an. Es war ein etwa sieben Meter langer Wohnwagen. Am hinteren Ende befand sich ein kleines Schlafzimmer, in dem die Jungen untergebracht werden sollten. Zwei Schiebetüren trennten es vom Hauptteil des Caravans, dem „Wohnzimmer" mit zwei weiteren Betten, die man aus der Wand ziehen konnte, einem kleinen Gasofen und einer Sitzbank, die auch als Eßtisch benutzt werden konnte. Fließendes Wasser gab es nicht, und um auf die Toiletten zu gelangen, mußte man ein paar Schritte über den Platz gehen. Für vier Personen war es sehr eng und alles andere als luxuriös, aber ich beklagte mich nicht. Hauptsache, ich war bei Ron. Alles andere war mir im Moment egal.

Ron machte uns etwas zu essen, und dann gingen wir ins Bett. Noch stundenlang lagen wir wach, unterhielten uns und genossen unsere Liebe. Erst gegen Morgen schlief Ron ein. Als ich ihn dort neben mir liegen sah, in tiefem Schlaf versunken, fühlte ich mich wie in einer anderen Welt. Noch nie zuvor hatte ich für jemanden eine solche Liebe verspürt. Immer noch schlug mein Herz schneller, wenn ich ihn nur ansah. Gleichzeitig wunderte ich mich darüber, daß ich einen solchen großen Schritt getan hatte, und machte mir Sorgen, wie Tony reagieren würde, wenn er meine Nachricht fand.

Am nächsten Morgen wachten die Jungen schon recht früh auf. Ich wollte etwas Wasser holen gehen, um sie zu waschen, und öffnete die Tür unseres Wohnwagens. Als ich den Campingplatz bei Tageslicht sah, glaubte ich, meinen Augen nicht zu trauen. Es war keiner der üblichen idyllischen Zeltplätze, sondern ein Abstellplatz für alte Wohnwagen, der mehr einer Müllhalde als einem Urlaubsort glich. Alles war alt und heruntergekommen. Die Wohnwagen sahen schäbig und ungepflegt aus, und viele hatten schmutzige, halbzerrissene Vorhänge an den Fenstern. Irgendwo hatte jemand ein paar alte Waschmaschinen abgeladen, und wo man hinsah, türmte sich der Müll. Aber was mir den größten Schrecken einjagte, waren unsere neuen Nachbarn. Ich sah zwei finster dreinblickende, unrasierte Männer in schmutzigen Stiefeln und Lederjacken über den Platz gehen und dann ein paar dirnenhaft aussehende junge Frauen im Morgenmantel. Was ich an Wortfetzen aus ihrer Unterhaltung mitbekam, war die übelste Gossensprache. Ich bekam Angst. Eine solche Umgebung war ich nicht gewohnt. Ich nahm mir vor, Ron nichts zu sagen von meinen Gefühlen, denn dies war der Platz, den er für uns ausgesucht hatte, und es war sicher der beste, den er hatte finden können. Doch als ich in den Wohnwagen zurückkehrte, merkte Ron mir sofort an, welchen Eindruck der Platz auf mich gemacht hatte. Er nahm mich in seine Arme und sagte nur: „Ich pass' auf dich auf, Maureen!" Rons Wärme und die Geborgenheit seiner starken Arme gaben mir ein Gefühl der Sicherheit, wie ich es noch nie zuvor in meinem Leben verspürt hatte. Schnell lösten sich meine Ängste und Unsicherheitsgefühle wieder auf.

Für den Rest des Tages war Ferienstimmung angesagt. Direkt nach dem Frühstück fuhren wir mit Rons Auto zum Meer. Die Jungen tollten am Strand herum, und wir beide setzten uns in den Sand, ließen es uns gutgehen und benahmen uns wie zwei verliebte Turteltauben.

Leider dauerte das ungetrübte Verliebtsein nicht allzu lange. Im Laufe der Zeit merkte ich, daß Ron auch andere Seiten hatte. Ich entdeckte Eigenschaften an ihm, von denen ich vorher nichts gewußt hatte. Der Campingplatz steckte voller dunkler Gestalten mit zweifelhafter Vergangenheit. Von den Paaren waren die wenigsten verheiratet. Es gab viele alleinstehende Mütter und eine Menge Drogenabhängiger, Prostituierter und Alkoholiker. Fast alle Bewohner des Platzes waren entweder selber schon im Gefängnis gewesen oder hatten irgendwelchen Kontakt zur Unterwelt. Häufig erschien die Polizei auf dem Platz. Mir war dies alles völlig fremd, aber Ron schien sich in diese Art von Gesellschaft recht gut einzufügen. Es stellte sich sogar heraus, daß er einige der Kriminellen schon gut kannte. Ich wußte, daß er früher einmal mit dem Gesetz in Konflikt geraten war und sich regelmäßig bei einem Bewährungshelfer melden mußte. Ron hatte jedoch diesen Umstand stets heruntergespielt, so daß ich mir keine weiteren Gedanken darüber gemacht hatte. Jetzt allerdings mußte ich feststellen, daß er mehr als einmal im Gefängnis gewesen und daß sein ganzes bisheriges Leben von Gewalttaten und Verbrechen geprägt war.

Als einige Tage vergangen waren und Ron immer häufiger Kontakt zu den anderen Leuten auf dem Platz aufnahm, merkte ich, daß sich sein Charakter mehr und mehr veränderte. Die Eigenschaften des zartfühlenden Liebhabers, die ich noch vor ein paar Monaten in ihm gesehen hatte, verschwanden immer mehr. Rons Männlichkeit und Stärke, seine herbe Art, die ich so sehr an ihm bewundert hatte, kam mir nun eher wie Grobschlächtigkeit und Angeberei vor. Früher hatte er sich mir gegenüber stets höflich und gewählt ausgedrückt, aber nun benutzte er dieselbe obszöne Gossensprache wie alle anderen. Er verlor öfters die Beherrschung, wurde ausfallend und manchmal sogar gewalttätig. Wir hatten die Putzstellen an der Schule inzwischen beide gekündigt. Ich blieb auf dem Platz, um auf die Jungen aufzupassen. Ron hatte eine Stelle als Vorarbeiter bekommen und arbeitete – wie die meisten Bewohner des Platzes – auf einer Baustelle an der neuen Autobahn. Sein Verhalten unterschied sich inzwischen kaum noch von dem der anderen Männer. Ich hatte oft Angst vor ihm, obwohl ich ihn andererseits immer noch genauso liebte wie am Anfang.

Wahrscheinlich wäre ich Ron niemals in diesen Wohnwagen gefolgt, wenn ich vorher über seine kriminelle Vergangenheit Bescheid gewußt hätte oder wenn mir jemand gesagt hätte, welche dunklen Seiten in seinem Wesen schlummerten. Ich war immer auf der Suche gewesen nach einem Menschen wie meinem Vater, einem höflichen und zuvorkommenden Mann, der imstande war, mich zu beschützen und zu versorgen. Damals schien mir Ron ein solcher Mann zu sein. In den dunklen Zeiten, die noch kommen sollten, sah ich jedoch in ihm kaum noch einen Schimmer von der Persönlichkeit, für die ich ihn gehalten hatte. Es sah ganz so aus, als hätte ich wieder einmal einen fürchterlichen Fehler begangen. Trotzdem bin ich davon überzeugt, daß Gott uns schon damals begleitete und auf unserem Weg führte. Er allein wußte, welches Potential in Ron schlummerte. Er wußte, was für ein Mensch er einmal werden würde und daß er genau der richtige Mann für mich war.

Ein paar Wochen, nachdem wir in Hook angekommen waren, stand plötzlich meine Mutter vor der Tür. Wie sie unsere Adresse herausgefunden hatte, ist mir schleierhaft. Ich war gleichzeitig erfreut und erschrocken, sie zu sehen. Sie war noch nicht ganz hereingekommen, als die Jungen ihr schon in die Arme liefen und ihr begeistert von unserem Wohnwagen erzählten. Sie war froh, sich davon überzeugen zu können, daß es den Kindern gutging. Ich machte uns eine Tasse Tee, und wir setzten uns an den Tisch und unterhielten uns.

„Warum hast du mir nichts davon gesagt, daß du weggehen wolltest, und vor allem, wohin?“ fragte sie mich.

„Weil ich genau wußte, daß du versuchen würdest, mich davon abzuhalten, und weil ich Angst hatte, ich könnte dir nachgeben“, antwortete ich.

„Ja, da hast du wohl recht . . .“, sagte sie. Aber, um Himmels willen, warum hast du das getan, Maureen?“

„Ich liebe Ron, Mami. Ich liebe ihn, und er liebt mich. Ich kann einfach nicht mehr ohne ihn leben. – Aber sag mal, weißt du, wie es Tony geht?“

„Ich sehe ihn kaum noch, aber es hat ihm schwer zugesetzt. Ich habe gehört, daß er inzwischen mit einem Mädchen namens Linda befreundet ist. Aber er hat immer noch Sehnsucht nach dir. Er will auch unbedingt die Kinder wiedersehen.“

„Von mir aus kannst du ihm sagen, wo wir sind“, sagte ich. Ich hatte noch nicht zu Ende gesprochen, als die Tür aufging und Ron hereinkam. Zuerst erschreckte er sich, als er meine Mutter sah, fing sich dann aber bald wieder und ließ den altbewährten Charme spielen.

„Na, haben Sie uns endlich gefunden“, sagte er. „Tut mir leid, wenn Sie sich Sorgen gemacht haben. Aber ich verspreche Ihnen, auf alle gut aufzupassen.“

Jetzt kamen auch die Kinder dazu, die draußen gespielt hatten, und liefen Ron direkt in die Arme. Dann tranken wir zusammen Tee, und es kam mir vor, als wären wir eine große, glückliche Familie. Innerlich wußte ich, daß meine Mutter Ron inzwischen akzeptiert hatte. Sie war ohnehin mit Tony als Schwiegersohn nie so recht glücklich gewesen, und Ron hatte im Vergleich zu ihm eine sehr viel gewinnendere Art. Als Mami sich verabschiedete, drückte er ihr noch einen Kuß auf die Wange und versprach nochmals, auf uns aufzupassen. Meiner Mutter gefiel das offensichtlich, denn sie sagte: „Ihr wißt ja, wo ich zu finden bin, und ihr seid jederzeit bei mir willkommen.“ Dann fuhr Ron sie mit dem Auto nach Hause, und ich war froh, daß mir wenigstens diese Last von der Seele genommen war.

Unser nächster Besuch war mir weniger willkommen. Ron und ich hatten zusammen mit den Kindern einen Sonntag am

Meer verbracht. Kurz nachdem wir wieder auf dem Platz angekommen waren, klopfte es an der Tür unseres Wohnwagens. Ich öffnete, und vor mir stand Tony. Ich verspürte sofort ein unangenehmes Gefühl in der Magengegend.

„Was willst du?" flüsterte ich.

„Mit dir reden. Darf ich vielleicht hereinkommen?"

„Warte", sagte ich und ging wieder hinein. „Tony steht vor der Tür", erklärte ich Ron. „Er sagt, er will mit mir reden. Was soll ich tun?"

„Laß ihn rein", sagte Ron. „Ich schnappe mir die Kinder und gehe ein bißchen mit ihnen spazieren. Dann könnt ihr euch in Ruhe unterhalten."

Ich bat Tony herein. Als Gary ihn sah, lief er auf ihn zu und rief: „Papa, Papa!" Graham dagegen erinnerte sich kaum noch an Tony und klammerte sich an Ron. Ron ging dann mit den Jungen los, und Tony und ich setzten uns und versuchten, miteinander zu reden. Aber es erging uns wie früher: Wir waren nicht in der Lage, wirklich miteinander zu reden. Tony fragte nur immer wieder: „Warum, warum?" Ich versuchte ihm klarzumachen, daß das Leben mit ihm eben nicht mehr lebenswert gewesen war, daß er sich weder um mich noch um seine Kinder gekümmert hatte, daß wir niemals etwas zusammen unternommen hatten und daß ich schon eine ganze Zeitlang unglücklich gewesen war.

„Bitte komm zurück, Maureen", flehte er mich an. „Ich liebe dich doch. Ich ändere mich, wenn du wiederkommst, ganz bestimmt! Wirklich, alles wird anders werden. Bitte, Maureen!"

Tony tat mir wieder einmal leid, aber dieses Mal würde ich nicht nachgeben.

„Nein, ich werde nicht mit Ron Schluß machen", sagte ich entschlossen. „Er ist schon einmal von einer Frau schwer enttäuscht worden, und ich habe nicht vor, ihm so etwas noch einmal anzutun. Tut mir leid, Tony, aber ich werde ihn auf keinen Fall verlassen."

Dann drehte sich das Gespräch nur noch im Kreise. Tony

flehte mich immer und immer wieder an, zu ihm zurückzukehren, und ich antwortete ihm mit derselben Hartnäckigkeit, daß ich bleiben würde. Schließlich ging mir das Ganze zu weit. Ich verlor langsam die Geduld, war völlig durcheinander und empfand nicht einmal mehr Mitleid mit ihm. Ich hatte nur noch den einen Wunsch, daß er mich endlich in Ruhe lassen und gehen würde. Als Ron mit den Kindern zurückkam, wandte Tony sich ihm zu und sagte: „Ich muß unbedingt mit dir reden. Wie sieht's aus? Können wir uns unten in der Kneipe unterhalten?"

Ron sah mich an und fragte: „Ist dir das recht?"

„Ja, ja", antwortete ich. „Geht nur."

Nachdem die beiden gegangen waren, wartete ich mit sehr gemischten Gefühlen darauf, daß Ron zurückkehrte. Als ich ihn neben Tony hatte stehen sehen, schämte ich mich plötzlich meines Mannes. Das letzte, was ich ihm wünschte, war eine Schlägerei mit Ron. Es war klar, daß er gegen ihn nicht die geringste Chance hatte. Wie ein Kind war mir Tony neben Ron erschienen, so klein und verschämt hatte er ausgesehen. Ich befürchtete schon, in Rons Ansehen gesunken zu sein, weil ich eine so schwache, bemitleidenswerte Kreatur wie Tony geheiratet hatte. Gary riß mich aus meinen Gedanken und konfrontierte mich mit einem sehr viel ernsthafteren Problem. Immer wieder fragte er: „Wo ist Papa hingegangen? Wann kommt er zurück?" Ich merkte, daß es ihm doch mehr zugesetzt hatte, seinen Vater zu verlassen, als ich zunächst erwartet hatte. Zum Abendbrot wollte er gar nichts mehr essen. Er sagte, er sei müde, aber als ich ihn ins Bett brachte, konnte er nicht einschlafen. Eine innere Stimme sagte mir: „Geh zurück zu Tony. Er ist der Vater deiner Kinder. Sieh dir doch an, wie durcheinander Gary ist. Um seinetwillen – geh zurück!" Ich wies diese Gedanken jedoch von mir. Ich wußte genau, daß ich meines Lebens nicht mehr froh werden würde, wenn ich Ron verlassen und zu Tony zurückziehen würde. Außerdem, so sagte ich mir, würde es Tony wahrscheinlich bei diesem einen Besuch bewenden lassen. Gary würde ihn sicher bald wieder vergessen.

Aber es kam anders. Als Ron zurückkam, erklärte er mir, daß Tony die Jungen gern hin und wieder sonntags besuchen würde und daß er dem zugestimmt habe, da Tony als Vater schließlich ein Recht darauf habe. Ron war durch die ganze Angelegenheit innerlich sehr aufgewühlt worden. Ich sah Tränen in seinen Augen, als er mich in seine Arme nahm und fragte: „Du gehst doch nicht zu ihm zurück, oder? Du verläßt mich doch nicht?" Ich versuchte ihm klarzumachen, daß ich ihn liebte und ihn nie verlassen würde, aber es gelang mir kaum, ihn davon zu überzeugen. In dieser Nacht lagen wir beide noch lange wach und redeten miteinander. Ron erzählte mir, wie sehr er noch immer seine Kinder vermißte und daß er die seelischen Wunden, die ihm seine Frau zugefügt hatte, noch lange nicht überwunden hatte. Er erzählte mir auch Dinge, die er mir noch nie gesagt hatte. Er sprach über seine Kindheit, darüber, daß er von seiner Mutter mißhandelt worden war und niemals Liebe empfangen hatte. Er berichtete über seine traumatische Ehe, wie oft seine Frau ihn um anderer Männer willen verlassen hatte, obwohl sie sich vorher kaum um sie gekümmert hatte. Jetzt verstand ich, warum Ron Frauen gegenüber so wenig Vertrauen hatte. Es brach mir das Herz, diesen starken Mann so am Boden zerstört zu sehen. Wir mußten beide noch lange weinen, und Ron hielt sich dicht an mich geklammert, als ich ihm immer wieder versicherte, daß ich ihn liebte und ihn nicht verlassen würde.

Uns alle hatte Tonys Besuch sehr mitgenommen. Noch tagelang sprach Ron nur wenig, war unausgeglichen und niedergedrückt und nahm sich kaum Zeit für die Kinder, ja noch nicht einmal für die Wochenenden, an denen Tony zu Besuch kam und mit den Kindern spazierenging. Leider war Tony äußerst unzuverlässig und kam an einigen Sonntagen nicht, obwohl er es fest zugesagt hatte. Es war für mich kaum zu ertragen, Gary stundenlang am Fenster hocken zu sehen. „Wann kommt Papa denn endlich?" fragte er immer wieder. Dieses Fragen ging Ron so sehr auf die Nerven, daß er schließlich aufstand und mit Gary einen Spaziergang machte, damit der Junge sich beruhigte. Ich sagte Tony daraufhin, er solle damit aufhören, die Jungen so durcheinanderzubringen, und erklärte ihm, daß die Besuche für Gary eine zu große seelische Belastung wären. Ich hatte den Eindruck, daß Tony die Verbindung zu seinen Kindern nur deshalb aufrechterhielt, weil er im stillen die Hoffnung hegte, daß ich eines Tages nachgeben und zu ihm zurückkommen würde. Seit Tonys Besuch wollte Gary von Ron nichts mehr wissen, und obwohl Ron die Kinder so gut behandelte, wie er nur konnte, setzte ihm Garys abweisende Haltung sehr zu.

Obwohl ich nun mit dem Mann zusammenlebte, den ich liebte, verlief mein Leben nach einiger Zeit in ähnlichen Bahnen wie zu Beginn meiner Ehe mit Tony. Ron entfremdete sich immer mehr von mir. Ich wurde zunehmend depressiver und hatte das Gefühl, mit meinem Leben nicht mehr fertig zu werden. Manchmal saß ich tagelang in unserem Wohnwagen und weinte vor mich hin. Jeden Abend schaute ich um die Zeit, wenn Ron gewöhnlich von der Arbeit nach Hause kam, aus dem Fenster – voller Angst, daß nun endgültig der Tag gekommen war, an dem er nicht mehr zurückkam, weil er mich verlassen hatte. Auch fiel es mir schwer, mich mit den anderen Frauen auf dem Platz anzufreunden, obwohl ich einige von ihnen inzwischen etwas näher kennengelernt hatte. Die meisten jedoch machten auf mich einen ebenso furchterregenden Eindruck wie die männlichen Bewohner des Platzes.

Als ich erfuhr, daß ich erneut schwanger war, ging es uns eine kurze Zeitlang etwas besser. Ron freute sich über die Nachricht genausosehr wie ich, und die gemeinsame Vorfreude auf das Kind rückte uns wieder näher zusammen. Aber immer noch hatte Ron seine Anfälle. Seine Aggressivität, die sich bisweilen auch gewaltsam äußerte, jagte mir Angst und Schrecken ein. Ich wußte, daß dies teilweise damit zusammenhing, daß er auf der Autobahnbaustelle so viele Überstunden machte. Der Druck, unter dem er bei dieser Arbeit stand, führte dazu, daß er manchmal regelrecht explodierte, wenn er abends nach Hause kam.

Ich war dann diejenige, auf deren Rücken er seine Müdigkeit und seinen Frust austrug. Wenn er es dann schließlich soweit gebracht hatte, daß ich in Tränen aufgelöst war, nahm er mich anschließend in seine Arme und tröstete mich. In diesen kurzen Augenblicken erkannte ich in ihm wieder den zartfühlenden und rücksichtsvollen Mann, in den ich mich vor einiger Zeit verliebt hatte.

Eines Morgens – ich war gerade im vierten Monat schwanger – wachte Gary morgens unter heftigem Erbrechen auf. Da er zudem stark fieberte, rief ich sofort einen Arzt. Er verordnete dem Jungen flüssige Nahrung, was aber nichts nützte, denn auch diese behielt er nicht bei sich. Ich bat den Arzt deshalb, noch einmal nach Gary zu sehen, woraufhin er ihn sofort in ein Krankenhaus nach Basingstoke überwies. Dort fand man heraus, daß er unter einer Salmonellenvergiftung litt. Er mußte deshalb in ein Krankenhaus in Winchester verlegt werden, welches über eine Isolierstation verfügte. Zwei Tage später ereilte Graham dasselbe Schicksal, und auch er wurde umgehend nach Winchester gebracht.

Jeden Tag besuchte ich die Kinder. Dazu mußte ich mit dem Bus nach Basingstoke fahren, anschließend in einen Zug nach Winchester umsteigen und dann wieder in einen Bus, der vom Bahnhof zum Krankenhaus fuhr. Die Quarantänebestimmungen waren derart streng, daß mir jeder körperliche Kontakt mit den Kindern untersagt wurde. Ich mußte immer auf Distanz bleiben, konnte sie nur durch eine Glasscheibe betrachten und hoffte nur, daß sie durch meinen Anblick wenigstens ein bißchen getröstet wurden. Abends kam ich vollkommen erschlagen nach Hause, sowohl in körperlicher als auch in seelischer Hinsicht. Dort standen mir dann noch Rons launische Anfälle bevor. Ich selbst sehnte mich in dieser Zeit abends nur danach, ins Bett zu fallen und zu schlafen, aber Ron hatte dafür kein Verständnis. Er verlangte nach mehr, und ich gab seinem Drängen nach, weil ich Angst vor seinen Wutausbrüchen hatte.

Eines Tages, als ich wieder einmal die Kinder besuchen

wollte, ging ich in Winchester in ein Spielwarengeschäft, weil ich ihnen ein paar Kleinigkeiten mitbringen wollte. An der Kasse stellte ich fest, daß ich nur eines der beiden Spielzeuge, die ich hatte kaufen wollen, in der Hand hatte. Da ich jedoch sehr in Eile war, entschloß ich mich, es dabei zu belassen und nur das eine zu nehmen. Ich mußte dann allerdings noch einmal zur Kasse zurück, da man mir zuviel Wechselgeld zurückgegeben hatte. Als ich den Laden endlich verlassen hatte, ergriff jemand höflich, aber bestimmt meinen Arm.

„Entschuldigen Sie, Madam, bitte kommen Sie doch noch einmal mit mir in den Laden zurück."

„Wieso? Was ist denn los? Wer sind Sie überhaupt?"

„Ich bin der Hausdetektiv und muß Sie leider bitten, mir zur Geschäftsleitung zu folgen."

Ich wurde zum Büro des Geschäftsführers gebracht, meine Tasche wurde untersucht und dort auch das zweite Spielzeug gefunden. Ich protestierte und erklärte, daß ich wirklich nicht wüßte, wie es dort hineingekommen war, aber es war mir klar, daß mir das niemand glauben würde. Man rief die Polizei, und ich wurde auf die nächste Wache gebracht. Dort mußte ich ein äußerst demütigendes Verfahren über mich ergehen lassen: Man verhörte mich, nahm meine Fingerabdrücke auf und machte ein Foto von mir. Schließlich lautete die Anklage: Ladendiebstahl. Ich wußte nicht, wie mir geschah. Wie würde Ron reagieren? Würde man mich ins Gefängnis werfen? Und was sollte aus den Kindern werden? Als das Verhör beendet war, war ich völlig fertig mit den Nerven. Eine mitfühlende Polizistin hatte bemerkt, wie schlecht es mir ging. Als sie hörte, daß ich auf dem Weg ins Krankenhaus gewesen war, um meine Kinder zu besuchen, nahm sie sich die Zeit und brachte mich mit dem Auto dorthin.

Als ich im Krankenhaus ankam, merkte ich, daß ich kurz vor einem Schwächeanfall stand. Auf der Kinderstation brachte mich die Krankenschwester zunächst einmal in ein Nebenzimmer, machte mir eine Tasse Tee und half mir auf diese Weise, vor dem Besuch ein klein wenig neue Kraft zu schöpfen. Als ich dann meine Kinder in ihren Bettchen liegen sah, vergittert und mit einem Netz bedeckt, damit sie nicht heraussteigen konnten, hatte ich das Gefühl, eine Welt würde über mir zusammmenbrechen. Als ich endlich nach Hause kam, mußte ich noch Ron die ganze Geschichte erzählen. Ich hatte auf Trost gehofft, erntete jedoch nur Schimpf und Schande.

Kurz vor Weihnachten kamen die Jungen wieder nach Hause. Obwohl ich mich sehr auf ihre Rückkehr gefreut hatte, war ich inzwischen so niedergeschlagen und deprimiert, daß ich mit den beiden überhaupt nicht mehr zurechtkam. Bald darauf kam auch die Vorladung zur Gerichtsverhandlung. In der Nacht, nachdem ich das Schreiben erhalten hatte, verlor ich mein Kind durch eine Fehlgeburt. Während der Verhandlung stand ich kurz vor einem Nervenzusammenbruch. Zu schwer war die Belastung durch die Trauer um mein verlorenes Baby und die Aufregung um die Anklage. Glücklicherweise wurde die Strafe auf Bewährung ausgesetzt, so daß wenigstens meine schlimmsten Befürchtungen nicht erfüllt wurden.

Immer noch war meine Beziehung zu Ron schwer belastet. Ich hatte inzwischen den Eindruck, daß die Probleme vor allem von Gary ausgingen. Er war sehr unausgeglichen, fragte immer wieder nach seinem Vater und weigerte sich strikt, Ron zu akzeptieren. Ich versuchte, ihn dazu zu überreden, sich Ron gegenüber anständig zu benehmen, fühlte mich dann aber andererseits verpflichtet, ihn zu verteidigen, wenn sich Ron bei mir über ihn beschwerte. Wie immer ich mich auch verhielt – es gab nichts als Streit zwischen mir und Ron, und die Situation wurde immer untragbarer. Als wir uns wieder einmal wegen Gary gestritten hatten, sagte Ron eines Morgens: „So, jetzt reicht's mir! Du hast die Wahl zwischen ihm und mir!" Ich war wie vor den Kopf gestoßen.

„Was soll das heißen: die Wahl zwischen ihm und dir?"

„Entweder du und die Jungen gehen, oder du bringst Gary zu seinem Vater zurück, wenn du bei mir bleiben willst", antwortete Ron. „Du weißt genau, daß er zu ihm will. Ich will dich nicht verlieren, Maureen, aber wenn du Gary nicht zurückbringst, werden wir uns trennen müssen. So wie jetzt kann es nicht weitergehen!“ Ich wußte, daß er es ernst meinte.

„Gib mir bitte noch ein wenig Zeit“, sagte ich. „Ich möchte noch einmal darüber nachdenken.“

„In Ordnung“, sagte Ron, „aber entscheide dich bald!“

Obwohl ich von meinen Gefühlen hin- und hergerissen wurde, versuchte ich das Problem rational zu durchdenken. Ich würde es nicht verkraften können, Gary, mein erstes Kind, zu verlieren. Ich liebte ihn. Aber dasselbe galt für Ron. Obwohl er sich verändert hatte und ich eigentlich nicht mehr glücklich mit ihm war, liebte ich ihn noch immer. Ich wußte, daß ich ohne ihn nicht leben konnte. Es stimmte ja, daß Gary zu Tony zurück wollte und sich bei Ron nicht wohl fühlte. Vielleicht war es nicht richtig, ihn von seinem leiblichen Vater fernzuhalten. Bei Graham dagegen sah es ganz anders aus: Er hatte Ron als seinen Vater akzeptiert und würde es nicht verkraften, ihn zu verlassen. Wie die Entscheidung auch ausfiel: Ich würde schwer unter ihren Folgen zu leiden haben. Nach langem Überlegen wurde mir klar, daß mir nichts anderes übrigblieb, als Gary zu Tony zurückzubringen. Es war die einzige Möglichkeit, Ron nicht zu verlieren, und war auf lange Sicht wohl auch die bessere Lösung für den Jungen, auch wenn es mir selbst das Herz brach.

Kurz darauf packte ich Garys Sachen zusammen, brachte Graham zu einem Freund und stieg mit Gary in den Bus nach Basingstoke. Als wir bei Tony angekommen waren, bat er uns herein. Vorsichtig versuchte ich ihm zu erklären, warum wir gekommen waren. „Hör mal, Tony, Gary fragt pausenlos nach dir. Er hält es nicht mehr aus bei Ron. Nimm ihn doch zu dir zurück. Bei uns kann er nicht bleiben. Wir werden einfach nicht mehr mit ihm fertig.“ Tony wußte überhaupt nicht, was er sagen sollte. Mehrmals mußte ich mein Anliegen wiederholen. Schließlich sagte er:

„Der Junge kann hierbleiben – aber nur unter der Voraussetzung, daß du zu mir zurückkommst, Maureen!"

Damit hatte ich schon gerechnet.

„Nein", antwortete ich. „Das kommt gar nicht in Frage. Niemals werde ich zu dir zurückkommen, Tony. Wir beide haben nichts mehr miteinander zu schaffen! Aber Gary braucht dich. Du bist sein Vater, und du mußt ihn einfach wieder nehmen."

Während des Gesprächs stand Gary zwischen uns und war völlig verwirrt. Sein Blick ging abwechselnd zwischen Tony und mir hin und her. Der fragende Ausdruck seiner Kinderaugen war für mich unerträglich. Ich stand schließlich einfach auf, ging zur Tür hinaus und ließ Tony und Gary alleine zurück. Sie standen in der Tür und sahen mir hilflos hinterher. Ich beeilte mich, zur Bushaltestelle zu kommen. Auf dem Weg dorthin mußte ich ununterbrochen weinen. „Was ist nur aus mir geworden?" dachte ich. „Mein eigenes Kind lasse ich im Stich!" Ich wußte, daß alle mich für diese Tat verurteilen würden, und so geschah es dann auch. Meine Mutter regte sich furchtbar auf und hatte absolut kein Verständnis für meine Entscheidung. Einige der Frauen auf dem Campingplatz sprachen nicht mehr mit mir, als sie erfuhren, was ich getan hatte. Dieses Gefühl, von allen geschnitten und verurteilt zu werden, dazu noch mein eigenes Schuldgefühl und der Schmerz, ein Kind weniger zu haben, war fast mehr, als ich ertragen konnte.

Nach einiger Zeit erfuhr ich jedoch, daß es Gary gutging, da Tony inzwischen mit einer Frau zusammenlebte, die sich um ihn kümmerte. Ich sehnte mich sehr danach, Gary noch einmal wiederzusehen, erinnerte mich dann aber daran, wie sehr ihm damals die Besuche seines Vaters zugesetzt hatten. Ich entschloß mich deshalb, ihn erst einmal alleine zu lassen, und hoffte darauf, daß er zurechtkommen und sich in seinem neuen Zuhause gut einleben würde. Ich klammerte mich an den Gedanken, daß er später, wenn er älter war, mich einmal verstehen und von sich aus besuchen würde. Besonders Weihnachten und an seinem Geburtstag fragte ich mich regelmäßig, was er wohl gerade machte und ob es ihm gutging.

Seit Gary nicht mehr bei uns war, hatten Ron und ich zwar einen Grund weniger zum Streiten, aber es sollte bald wieder ein neuer auftauchen. Eines Abends erschien auf dem Campingplatz ein Privatdetektiv, der für den Anwalt von Rons Ehefrau arbeitete. Er wollte Ron dazu überreden, eine Erklärung zu unterschreiben, die besagte, daß Ron seine Frau mit mir betrogen hatte. Ron schäumte vor Wut. Seine Frau hatte ihn mehrfach wegen anderer Männer verlassen. Er selbst hatte die Beziehung zu mir nicht eher aufgenommen, bis seine Frau sich auf Nimmerwiedersehen verabschiedet hatte. Und nun wagte es diese Frau, ihn strafrechtlich zu verfolgen und ihm vorzuwerfen, er sei es gewesen, der sie verlassen und Ehebruch begangen habe. Sie stellte sogar Unterhaltsforderungen, nicht nur für ihre eigenen Kinder, sondern auch noch für ein weiteres Kind, das nach der Trennung geboren worden war und von dem sie behauptete, Ron sei sein Vater. Ron geriet derart in Rage, daß wir schon Angst hatten, er würde entweder mir oder dem Detektiv gegenüber handgreiflich werden. Es gelang uns dann aber doch, ihn wieder zu beruhigen. Der Privatdetektiv stellte sich auf den Standpunkt, daß die Angelegenheit am einfachsten dadurch zu lösen sei, daß Ron zwar den Ehebruch zugeben, aber die Vaterschaft des jüngsten Kindes abstreiten sollte.

Die Verhandlung sollte erst in einigen Monaten in Cardiff stattfinden, aber schon lange vorher war Ron niedergeschlagen und deprimiert. Immer wenn er an seine Frau dachte, fing er an zu schimpfen und zu fluchen. Als schließlich die Zeit der Abreise nach Wales gekommen war, hatte ich furchtbare Angst, daß sich Ron zu einem Gewaltakt hinreißen lassen könnte, wenn er seiner Frau gegenüberstand, ja, vielleicht sogar imstande wäre, sie umzubringen. Andererseits, so sagte ich mir, war er in diese Frau einmal verliebt gewesen. Aus Rons Erzählungen hatte ich den Eindruck gewonnen, daß sie eine Frau war, die bei Männern alles erreichen konnte, was sie nur wollte.

Da die beiden immerhin vier Kinder zusammen hatten, wurde ich auch die Angst nicht los, daß er zu ihr zurückkehren und ich ihn nie mehr wiedersehen würde. Jedenfalls machte ich schlimme Zeiten durch, als Ron weg war. Als er dann endlich wieder zurückkam, war er sehr erschöpft und deprimiert und wollte nicht über seine Erlebnisse sprechen. Dennoch konnte ich dem, was er sagte, entnehmen, daß zumindest der Streitpunkt um die Vaterschaft des Babys zu seinen Gunsten entschieden worden war und daß die Scheidung in spätestens drei Monaten über die Bühne sein würde. Ich bemühte mich, Ron zu trösten, aber er war so deprimiert, daß er gar keinen Trost mehr annehmen konnte, hatte ihm doch seine Frau unmißverständlich klargemacht, daß er seine Kinder nie mehr wiedersehen würde.

Die Scheidungsverhandlungen hatten aus Ron einen grimmigen und verbitterten Menschen gemacht. Nur noch sehr selten war er zärtlich zu mir. Statt dessen verbrachte er immer mehr Zeit mit den Arbeitskollegen von der Autobahnbaustelle. Trinkgelage und Schlägereien waren hier an der Tagesordnung. Ich wußte, daß diese Männer, ob sie nun verheiratet waren oder nicht, immer wieder auf sexuelle Abenteuer aus waren, und ich hatte große Angst, daß Ron sich von dieser Denkweise beeinflussen lassen würde. Es gab in diesen Zeiten zwischen uns immer wieder Streitereien um sexuelle Dinge. Ron war nämlich mit dem, was ich ihm zu bieten hatte, nicht mehr zufrieden. Für mich war Sex ein Ausdruck meiner Liebe zu Ron, und ich hatte kein Interesse daran, irgendwelche neuen Methoden auszuprobieren. Ron jedoch hatte nur den Lustgewinn im Sinn und schlug eines Tages sogar vor, daß wir mit anderen Frauen oder anderen Paaren ins Bett gehen könnten. Ich war hin- und hergerissen zwischen Ekel und der Angst, Ron zu verlieren. Seinetwillen heuchelte ich dann Interesse, aber er merkte sofort, wie ich in Wirklichkeit empfand, und war wütend, wenn ich ihm etwas vormachte.

Als ich erneut schwanger wurde, hatte ich zunächst die Hoffnung, daß diese Schwangerschaft Ron und mir Gelegenheit bieten würde, den entstandenen Schaden in unserer Beziehung wiedergutzumachen.

Aber es war unmöglich, die Fehler der Vergangenheit ungeschehen zu machen. Ich hatte einfach kein Vertrauen mehr zu Ron, besonders nicht, was seinen Umgang mit Frauen anbetraf. Ich war nicht die einzige, die ihn attraktiv fand, und da er auf dem Campingplatz auch noch Kontakt zu anderen Frauen hatte, wurde ich sehr bald eifersüchtig. Besonders schlimm war es, als ein Mädchen namens Lucy auf unseren Platz zog. Sie war ein leichtlebiger Typ, hatte eine gute Figur, zog sich verführerisch an, und es dauerte nicht allzulange, bis sie und Ron aneinander Gefallen fanden. Oft kam sie in unseren Wohnwagen herüber, und ich saß dann dabei und mußte so tun, als ob ich nicht merkte, welche Blicke zwischen ihr und Ron hin und her gingen. Noch schlimmer war es, wenn Ron sie in ihrem Wagen besuchte, um „ein Schwätzchen" mit ihr zu halten. Ich wurde regelmäßig schier verrückt vor Eifersucht und dachte die ganze Zeit darüber nach, was die beiden wohl gerade trieben.

Als ich eines Tages Lucy in ihrem Wohnwagen auf eine Tasse Tee besuchte, entdeckte ich auf der Sitzbank einen Zettel mit Rons Handschrift. Als Lucy gerade mit etwas anderem beschäftigt war, warf ich einen Blick darauf und las die Worte: „Ich liebe dich!" Mir wurde schlecht vor Eifersucht, so elend fühlte ich mich. Ich sagte Lucy gegenüber zunächst nichts, aber als Ron nach Hause kam, stellte ich ihn zur Rede. Er sagte, er habe es nicht ernst gemeint. Sie habe ihm nur leid getan, da sie in großen Problemen steckte. Am besten sollte ich die ganze Sache möglichst schnell vergessen. Ich gab mir redliche Mühe, ihm diese Geschichte zu glauben, aber als er sie eines Tages wieder einmal besuchte, erlitt ich einen Ohnmachtsanfall. Meine Freundin Julia brachte mich in ihren Wohnwagen und rief sofort einen Arzt, der mir dringend riet, mich zu beruhigen und meine Nerven zu schonen, da sonst die Gefahr einer weiteren Fehlgeburt bestünde.

Julia und Roger, ihr Mann, sprachen dann noch eine ganze Weile mit mir und rieten mir dringend, Ron zu verlassen.

„Deine Nerven halten das einfach nicht mehr aus", sagte Julia. „Wenn du jetzt nicht den Absprung schaffst, kommt es irgendwann einmal zu einem richtigen Nervenzusammenbruch und du verlierst noch einmal ein Kind!"

Ich kehrte in unseren Wohnwagen zurück und dachte im Anschluß an dieses Gespräch noch tagelang darüber nach, wie ich mich entscheiden sollte. Eigentlich wollte ich Ron nicht verlassen. Andererseits merkte ich, daß ich mich innerlich ungeheuer über sein Verhalten aufregte, und ich war fest entschlossen, mein Kind dieses Mal nicht zu verlieren. Eines Abends bat ich deshalb Roger, mich und Graham zum Haus meiner Mutter zu fahren. Zwar hatte ich Ron einmal versprochen, ihn niemals zu verlassen, aber meine Situation war inzwischen untragbar geworden. Ich hatte bereits ein Baby verloren, ein Kind, das ich meiner Beziehung zu Ron geopfert hatte. Das sollte nicht ein zweites Mal geschehen.

Wir erreichten das Haus meiner Mutter; sie bat uns herein, und ich erzählte ihr, was vorgefallen war.

„Es war die richtige Entscheidung herzukommen", sagte sie. „Am besten bleibst du mit deinem Kind direkt hier."

Meine Mutter verhielt sich mir gegenüber sehr nett und mitfühlend, und trotzdem gelang es mir nicht, mich bei ihr soweit einzurichten, daß ich mich wohl fühlte. Zu sehr vermißte ich Ron. Obwohl mein Verstand mir sagte, daß ich mich richtig entschieden hatte, fühlte ich mich hundeelend. Meine Mutter verlor hin und wieder die Geduld mit mir und meinte, ich sollte die Beziehung zu Ron aufgeben: „Auch wenn dir dein eigenes Leben nichts wert ist, denk wenigstens an das Kind, das in dir wächst", sagte sie.

Ich besuchte in dieser Zeit auch Rons Mutter, die ebenfalls in Basingstoke wohnte. Zwar wußte ich, daß sie ihrem Sohn keine gute Mutter gewesen war. Auch sonst hatte ich bisher nur Schlechtes über sie gehört. Andererseits war es so, daß sie mich selbst als Menschen von Anfang an akzeptiert hatte und mir immer sehr freundlich begegnet war. Ich war mir nicht sicher, wie sie jetzt reagieren würde, nachdem ich Ron verlassen hatte, aber sie sagte zu mir: „Maureen, du kannst jederzeit vorbeikommen und mich besuchen. Schließlich ist es mein Enkelkind, das du in deinem Bauch trägst." Sie berichtete mir auch, daß sie Ron vor kurzem getroffen habe. Er habe ihr erzählt, daß er jetzt mit Lucy zusammenleben wolle, woraufhin sie ihm klargemacht hatte, daß – falls es dazu komme – diese Frau bei ihr Hausverbot habe.

Eines Nachmittags ging ich nach einem Einkaufsbummel in Basingstoke noch kurz bei Rons Mutter vorbei. An der Tür begrüßte sie mich zwar freundlich, aber die Art und Weise, wie sie „Hallo" sagte, hatte etwas Merkwürdiges an sich. Als ich ins Wohnzimmer kam, wußte ich, warum. Auf dem Sofa saß Ron. Ich merkte, wie mein Herz einmal kurz aussetzte. Kaum hatte ich ihn gesehen, kehrten alle meine Gefühle für ihn in Sekundenschnelle wieder zurück. Daß er mich ins Unglück gestürzt hatte, war vergessen. Ich sehnte mich nur noch danach, ihm in die Arme zu fallen. Nachdem wir uns ein wenig unbeholfen begrüßt hatten, fragte mich Ron, wie es mir und den Jungen ginge.

„Ganz gut", sagte ich und konnte nicht umhin hinzuzufügen: „Aber wir vermissen dich sehr."

Ron schlug daraufhin vor, daß wir beide in die Küche gehen sollten, wo wir ungestört miteinander reden konnten. Dort berichtete er mir, daß zwischen ihm und Lucy alles aus sei. Er habe diese Frau nie geliebt, und sie sei ohnehin nur auf eine kurzfristige Liebelei ausgewesen. „Willst du nicht zu mir zurückkommen?" fragte er. „Wir könnten noch einmal ganz von vorne anfangen." Ich tat gar nicht erst so, als zögerte ich noch. Schließlich hatte ich schon die ganze Zeit auf einen solchen Vorschlag gewartet. Noch bevor Ron zu Ende gesprochen hatte, lag ich wieder in seinen Armen. Rons Eltern waren froh darüber, daß wir beide uns wieder versöhnt hatten. Als ich zu meiner Mutter zurückkehrte und ihr mitteilte, daß ich wieder zu

Ron ziehen würde, akzeptierte auch sie meine Entscheidung, versprach mir aber auch, mich jederzeit wieder aufzunehmen.

Heute glaube ich, daß Gott mich sowohl in meiner Entscheidung, Ron zu verlassen, begleitet hat, als auch in dem Entschluß, wieder zu ihm zurückzukehren. Gott allein wußte, wieviel ich innerlich verkraften konnte. Er wußte, wann der Zeitpunkt gekommen war, an dem ich einfach nicht mehr konnte und eine Pause von Ron brauchte. Diese Pause hatte mir jedoch auch geholfen zu erkennen, daß ich ohne Ron nicht leben konnte.

Nach unserer Versöhnung lebten wir wieder zusammen auf dem Campingplatz und waren für eine Weile recht glücklich miteinander. Es dauerte jedoch nicht allzulange, bis das Alltagsleben wieder in denselben Bahnen verlief wie zuvor. Ich war inzwischen hochschwanger, was Ron nicht davon abhielt, seine Freizeit hauptsächlich mit den Kumpeln von der Baustelle zu verbringen und mit den alleinstehenden Müttern auf dem Platz zu flirten. Als er immer häufiger eine Frau namens Judy besuchte, machte ich mir ernsthafte Sorgen. Als ich schließlich einen Zettel von ihm in ihrem Wohnwagen fand, hatte ich das Gefühl, die Geschichte mit Lucy würde sich noch einmal wiederholen. Nur dieses Mal hatte ich keine Wahl: Ich mußte bleiben, da ich kurz vor dem Entbindungstermin stand.

Michael, unser erstes gemeinsames Kind, wurde am 20. November 1970 im Krankenhaus von Alton geboren. Wir waren beide begeistert von dem kleinen Kerlchen. Ron besuchte mich auf meinem Zimmer, überreichte mir einen Strauß Rosen und gab mir einen dicken Kuß. Dann schaute er mit stolzen Vateraugen auf das Kinderbettchen, in dem sein Sohn lag, und flüsterte mit Tränen in den Augen: „Ist er nicht wunderbar?“ – Und trotzdem: Ich wußte, daß Judy während meines Krankenhausaufenthalts auf Graham aufpaßte und daß Ron auch bei ihr zu Mittag aß. Ich war mir eigentlich ziemlich sicher, daß er meine Abwesenheit ausnützen und mich mit ihr betrügen würde. Oft lag ich im Krankenhaus abends auf meinem Bett und weinte, fürchtete mich jedoch, Ron etwas zu sagen, da ich Angst hatte, ihn zu verlieren.

Als ich aus dem Krankenhaus entlassen wurde, verhielt sich Ron mir gegenüber äußerst liebevoll und zuvorkommend. Er hatte es sich jetzt fest vorgenommen, daß wir den Campingplatz verlassen würden. Lange genug hatten wir in dem verkommenen Wohnwagen ausgeharrt, und es war inzwischen wirklich Zeit für uns, ein anständiges Plätzchen zum Leben zu finden. Eines Morgens sagte Ron: „Ich mache mich jetzt auf die Suche und komme nicht eher zurück, bis ich eine neue Wohnung für uns gefunden habe." Einige Stunden später kam er wieder und sagte mit triumphierendem Blick: „Maureen, ich habe einen Bungalow in Eversley gefunden, den wir mieten können, mit zwei Schlafzimmern, Garten und Garage. Alles voll möbliert. In zwei Wochen ziehen wir um."

Ich war schon immer eine Optimistin gewesen. Ich war davon überzeugt, daß jetzt unser Leben wieder lebenswert würde. In Eversley würden die Wunden der Vergangenheit heilen und unsere Liebe wieder neu entbrennen. Zwar wußte ich in dieser Zeit noch überhaupt nicht, wer Gott war. Trotzdem habe ich heute den Eindruck, daß er mir schon damals eine seiner herrlichsten Gaben geschenkt hatte – nämlich die Gabe der Hoffnung.

Ganz unten

Zunächst fanden wir es herrlich, ein eigenes Haus mit so viel mehr Platz zu haben. Ron freute sich besonders über die große Garage und den Garten, der ihm Gelegenheit bot, einem alten Hobby nachzugehen: der Vogelzucht. Er kaufte ein Wellensittichpärchen, dann Tauben, Fasanen und Finken – bis schließlich unser ganzer Bungalow von Käfigen und Vogelhäuschen umgeben war und wir etwa vierzig verschiedene Vogelarten in unserem Garten hatten. Diese Seite an Ron war mir völlig neu. Ich selber konnte mit der Vogelliebhaberei nicht allzuviel anfangen, freute mich jedoch, daß Ron seine Zeit mit einem so harmlosen Vergnügen verbrachte.

Ich hatte wirklich geglaubt, daß wir beide nun, da wir nicht mehr auf dem Campingplatz, sondern in einem anständigen Haus wohnten, ein neues Leben anfangen könnten und daß sich Ron in der neuen Situation anders verhalten würde. Aber wie naiv war es von mir anzunehmen, daß ein Ortswechsel eine Veränderung des Menschen bewirken könnte. Ron war in Eversley genau derselbe Mann, der er in Hook gewesen war. Immer noch arbeitete er auf der Autobahn und immer noch verbrachte er seine Zeit mit sehr rauhen Männern, deren Moral mehr und mehr auch seine Moral wurde. Rons Launen und Anfälle waren immer noch gefährlich, und ich mußte weiterhin damit rechnen, daß er sie vor allem an mir ausließ.

Nach einiger Zeit stellte sich heraus, daß unser schöner Bungalow, über den wir uns anfangs so gefreut hatten, eine äußerst feuchte Angelegenheit war. Nicht lange nach unserem Umzug begann Michaels Gesundheit darunter zu leiden, bis er schließlich mit einer Bronchitis ins Krankenhaus gebracht werden mußte. Es war furchtbar, ihn dort liegen zu sehen. Er litt unter akuter Atemnot und mußte mit zusätzlichem Sauerstoff versorgt werden. In elendem Zustand verließ ich das Krankenhaus und hoffte nur darauf, daß Ron mich trösten und wiederaufrichten würde.

„Es ist so ein furchtbarer Anblick, Ron. Der Kleine sieht so hilflos aus."

„Und warum liegt er da überhaupt?" bellte Ron. „Wessen Fehler ist es denn, daß er Bronchitis hat? Du hättest ihn schließlich wärmer anziehen können!"

„Er war immer warm genug angezogen. Du weißt doch, daß die Feuchtigkeit schuld daran ist."

„Feuchtigkeit? So ein Quatsch! Du bist schuld daran. Du baust nur Mist und bist eine verdammt schlechte Mutter!"

Nachdem Michael aus dem Krankenhaus entlassen worden war, begann für mich wieder der düstere Trott des Alltags. Immer noch war ich sehr einsam und hatte keine Freundin, mit der ich hätte reden können. Ron war von morgens bis abends auf der Baustelle. Meine einzige Beschäftigung bestand darin, Michael mit dem Kinderwagen spazierenzufahren oder einsam und alleine in unserem Bungalow zu sitzen und Trübsal zu blasen. In Eversley war überhaupt nichts los. Manchmal saß ich stundenlang da und schaute aus dem Fenster, ohne daß eine einzige Menschenseele zu sehen war.

Graham war inzwischen ins Schulalter gekommen und wurde in die Grundschule von Eversley eingeschult. Nach einigen Monaten sagte mir seine Lehrerin jedoch, daß er keine rechten Fortschritte mache und daß die Schulleitung deshalb beschlossen habe, ihn auf eine Sonderschule nach Farnborough zu schicken. Zunächst konnte ich mich mit dem Gedanken an eine Sonderschule nicht anfreunden. Ich schämte mich, daß mein Sohn anders sein sollte als die anderen Kinder in seinem Alter und daß eine solche Schulform für ihn nötig war. Auch machte ich mir Sorgen darüber, wie er jeden Morgen nach

Farnborough kommen sollte, das doch einige Kilometer weit entfernt lag. Diese Sorgen waren jedoch unberechtigt. Es gab nämlich einen Schulbus, und ich brauchte lediglich Graham jeden Morgen die Straße hinunterzubringen und zu warten, bis er eingestiegen war. Als ich dann der Schule einmal einen Besuch abstattete, merkte ich, wieviel ausgeglichener und zufriedener Graham dort war. Mit der Zeit legten sich deshalb meine negativen Gefühle und ich schämte mich nicht länger für meinen Sohn. Im Gegenteil: Ich war froh, daß es Graham gutging.

Ich wäre mit meiner Einsamkeit tagsüber sicher besser fertig geworden, wenn meine Beziehung zu Ron von besserer Qualität gewesen wäre, wenn ich mich auf sein abendliches Nachhausekommen hätte freuen können, statt in dauernder Angst leben zu müssen vor seinen schlechten Stimmungen und Launen. Als besonders bedrückend empfand ich es, daß Ron immer wieder an seine Kinder in Wales denken mußte. Manchmal ging er in die Garage zu seinen Vögeln und starrte stundenlang in die Käfige. Ich nehme an, daß er in diesen Zeiten in Gedanken bei seinen Kindern war. Als wir unser erstes Weihnachtsfest in Eversley feierten, überschüttete mich Ron zwar mit Geschenken, ganz wie es seine Art war, aber immer wieder wurde die Stimmung von plötzlichen, depressiven Zeiten des Schweigens getrübt, wenn er darüber nachgrübelte, was seine Kinder wohl gerade machten und was für ein Weihnachtsfest sie verlebten. Sein Schmerz war so tief, daß es mir in dieser Zeit auch nicht gelingen wollte, ihn zu trösten. Ich schrieb sogar einen Brief an seine ehemalige Frau, erhielt aber keine Antwort.

Kurz nach unserem Umzug gab es zwei wichtige Neuigkeiten: Ich erfuhr, daß meine Scheidung jetzt rechtskräftig geworden war, und ich wurde erneut schwanger. Anfang 1972 wurde David, mein vierter Sohn, geboren. Immer noch waren Ron und ich nicht verheiratet, und ich war darüber sehr unglücklich. Wir waren beide geschieden, und ich konnte mir eigentlich keinen Grund vorstellen, warum wir nicht heiraten sollten, höchstens den, daß Ron von einer endgültigen, festen Bindung zurückschreckte. Nach Davids Geburt jedoch fing auch Ron an, darüber nachzudenken, ob es nicht das beste wäre zu heiraten – schon um des Jungens willen. So viele Probleme es in unserer Beziehung auch gab: Es war für mich dennoch ein großer Tag, als wir im März 1973 im Rathaus von Aldershot vor dem Standesbeamten standen und aus Maureen Brown Mrs. Maureen Sims wurde.

Es war nicht nur Rons launischer Charakter, der immer wieder für Spannungen in unserem Eheleben sorgte, sondern auch unsere sexuelle Beziehung, die für mich schon längst nicht mehr eine Quelle der Befriedigung und Freude war, sondern zu einem Anlaß der Demütigung und Verängstigung geworden war. Das ganze Elend und die Erniedrigung, die noch folgen sollten, hatten ihre Ursache vor allen Dingen in diesem Bereich. Schon in Hook war mir aufgefallen, daß Ron von mir seine ganz besonderen Vorstellungen hatte. Was mich betraf, so war ich eigentlich eine völlig normale Frau, die sich nichts sehnlicher wünschte als eine glückliche Familie und eine liebevolle Beziehung zu einem zartfühlenden und treuen Ehemann. Aber Rons Wunschvorstellung von mir war die einer aufregenden Sex-Mieze, die sich in sämtlichen Spielarten der Erotik auskannte. Wenn Ron abends von der Arbeit nach Hause kam, in der Hoffnung, eine leichtbekleidete und verführerisch zurechtgemachte Liebhaberin vorzufinden, und statt dessen eine müde, abgearbeitete Hausfrau vorfand, explodierte er jedesmal vor Wut und Enttäuschung.

Auch nach unserem Umzug traf sich Ron weiterhin mit Judy, der Frau vom Campingplatz. Allmählich versuchte er schon gar nicht mehr, sich herauszureden. Sie kam einfach vorbei, angeblich, um uns beide in unserem Bungalow zu besuchen, aber in Wirklichkeit nur, um Ron zu sehen. Mir wurde schlecht vor Eifersucht, als ich sah, wie liebevoll und zuvorkommend er diese Frau behandelte. Ron gab inzwischen auch zu, mit ihr geschlafen zu haben: das erste Mal, als ich zur Entbindung im Krankenhaus war, und dann wieder, nachdem er sie nach den Besuchen in unserem Wohnwagen zu ihrem Wagen zurückbegleitet hatte.

„Sie ist der Typ von Frau, der mir gefällt", meinte Ron.

Diese Äußerung führte bei mir zu furchtbaren Angstzuständen, denn ich befürchtete, daß er mich verlassen würde. Als Ron eines Tages vorschlug, gleichzeitig mit ihr und mir ins Bett zu gehen, war ich zunächst schockiert und ekelte mich vor einer solchen Vorstellung. Aber obwohl ich anfangs nichts damit zu tun haben wollte, gab ich schließlich nach. Zu groß war die Angst, Ron zu verlieren.

Zwar endete die Affäre mit Judy so plötzlich, wie sie begonnen hatte, aber mein Leben war inzwischen zu einem ständigen Alptraum geworden. In meiner Liebe zu Ron hing ich so sehr an ihm, daß es bald nichts mehr gab, was ich nicht für ihn getan hätte. Immer wieder plagte mich die Angst, ich könnte ihn verlieren. Zwar war das Leben mit ihm inzwischen zur Hölle geworden, aber ohne ihn zu leben konnte ich mir auch nicht vorstellen.

Ron wirkte auf Frauen ungeheuer attraktiv. Wäre es nur darum gegangen, daß er jemand war, der von einer Affäre in die nächste rutschte – ich hätte mich vielleicht noch damit abfinden können. Natürlich war ich eifersüchtig, und es brach mir jedesmal das Herz, wenn ich wußte, daß Ron bei einer anderen Frau war. Aber ich glaube, es wäre mir gelungen, seine Untreue in Kauf zu nehmen und ihm trotzdem meinerseits treu zu bleiben. Aber darum ging es Ron überhaupt nicht. Zwar wäre er wütend geworden, wenn ich ihn mit einem anderen Mann betrogen hätte, aber er hatte überhaupt nichts dagegen, daß ich mich mit anderen Männern einließ, solange diese Beziehungen von ihm selbst arrangiert und organisiert wurden. So freundeten wir uns eines Tages mit einem Kollegen Rons an, der ihn jeden Morgen abholte und mit seinem Lieferwagen zur Arbeit brachte. Dieser Mann kam öfters abends in unser Haus, meistens mit einer Ladung Hasch, das wir dann gemeinsam rauchten. Dieses Kraut verfehlte bei mir seine Wirkung nicht. Wenn ich „high" war, ließ ich meine Hemmungen fallen, sprach offen und ungeniert über Sex, tanzte verführerisch vor den Männern und benahm mich ganz so, wie Ron es von mir erwartete. Er hatte seinen Spaß daran, daß ich mich vor seinem Freund so ungehemmt benahm, denn er wußte, wie ich auf diesen Mann wirkte. Dann jedoch wurde er plötzlich wieder wütend und ungehalten, denn er verdächtigte mich, ihn mit diesem Mann zu betrügen, allerdings vollkommen grundlos.

Eines Abends klingelte das Telefon. Als ich den Hörer abnahm, meldete sich ein fremder Mann, der mich mit Vornamen ansprach. Er sagte, er habe meine Rufnummer von jemandem bekommen, der ihm gesagt habe, ich könne ihm durch meine Stimme über das Telefon sexuelle Befriedigung verschaffen. Ich war schockiert, legte meine Hand über den Hörer und flüsterte Ron zu, was der Fremde gesagt hatte. Aber Ron grinste nur und sagte: „Na los, sag ihm, was er hören möchte." Mit einem üblen Gefühl in der Magengegend wurde mir plötzlich klar, daß es Ron selbst gewesen sein mußte, der diesen Kerl auf mich angesetzt hatte. Es gelang mir dann, ihm das zu sagen, was er hören wollte, denn ich wußte ja, daß Ron mithörte, und hatte furchtbare Angst davor, daß er böse werden könnte, wenn ich versagte. Es gab in Zukunft noch öfters Anrufe dieser Art.

Oft gingen wir nun an den Wochenenden zu einer Party oder veranstalteten eine bei uns zu Hause. Es waren wilde Partys, eigentlich eher Orgien, die mit Haschrauchen und Trinken begannen und mit Sex und Partnertausch endeten. Damals waren alle unsere Freunde in diese Dinge verwickelt, und ich kannte überhaupt keinen Menschen mehr, der „normal" war und ein bürgerliches Leben führte. Ich hatte viel von der „sexuellen Revolution" und der verkommenen Moral der heutigen Gesellschaft gehört und hatte damals den Eindruck, daß diese Art von Leben wohl inzwischen das Übliche war. „So ist es nun einmal heutzutage", sagte ich mir. „Wahrscheinlich bin ich sowieso die einzige, die sich nach einem heilen Familienleben sehnt, und wahrscheinlich ist dieser Wunsch lächerlich und hoffnungslos veraltet."

Ron wurde immer roher und verbitterter. Vor kurzem war seine Mutter gestorben, und sein Vater hatte sich sofort nach ihrem Tod mit einer viel jüngeren Frau eingelassen, was Ron fürchterlich wütend machte.

Er wurde nun wieder gewalttätig und verlor aufgrund dessen sogar seinen Job auf der Autobahnbaustelle. Danach ging er zu einer Wach- und Schließgesellschaft, und dann wieder zurück auf die Autobahnbaustelle. In den kommenden Jahren arbeitete Ron abwechselnd in der Wachmannschaft und auf der Autobahn. Beides waren anstrengende Tätigkeiten, die viel Streß mit sich brachten. Im Laufe der Zeit wurde Ron immer gieriger nach Sex, Macht und Geld, und so war es eigentlich nicht verwunderlich, daß er eines Tages im Pornogeschäft landete.

Die entsprechenden Kontaktpersonen zu finden war für Ron nicht allzu schwer. Wir fuhren damals regelmäßig nach London und brachten jedesmal kistenweise Hefte und Filme mit zurück. Das meiste davon verkaufte Ron an seine Kollegen auf der Autobahnbaustelle. Wir verdienten Geld wie Heu, bis eines Tages Ron Wind davon bekam, daß die Polizei hinter ihm her war und er deshalb mit dem offenen Handel erst einmal aufhörte, wenn auch weiterhin die Leute zu uns in die Wohnung kamen, um sich die entsprechenden Filme anzusehen.

Nachdem Ron auf der Arbeit wieder einmal einen gewalttätigen Wutausbruch hatte und sich mit einem leitenden Angestellten der Baufirma angelegt hatte, wurde er vor die Alternative gestellt, entweder sofort entlassen oder auf eine schottische Bohrinsel versetzt zu werden. Er wählte die Bohrinsel und machte sich auf in den hohen Norden – nach Lerwick. Ich fühlte mich in dieser Zeit sehr einsam ohne ihn. Wenn er anrief, hörte er sich wie ein anderer Mensch an. Er war liebevoll und zärtlich und versicherte mir, daß ich ihm fehlte und daß er sich nach zu Hause zurücksehnte. Bei den Problemen, die wir als

Ehepaar hatten, wäre es naheliegend gewesen, die Zeit seiner Abwesenheit als eine willkommene Abwechslung zu genießen. Ich wußte jedoch in den Monaten, als Ron auf der Bohrinsel war, überhaupt nichts mit mir anzufangen. Zwar besuchte ich manchmal meine Mutter, aber sie wohnte ziemlich weit weg, und wir hatten uns auch inzwischen auseinandergelebt. Ich fand es schwer, mich überhaupt noch vernünftig mit ihr zu unterhalten. Die meiste Zeit meiner Einsamkeit verbrachte ich damit, mir auszumalen, wie herrlich das Leben mit Ron sein könnte. Ich träumte davon, mit ihm und den Kindern ein glückliches und zufriedenes Familienleben zu führen. Heute sehe ich, daß Gott in diesen einsamen Zeiten bei mir war. Es gehörte wohl zu seinem Plan für mein Leben, mir einerseits eine Erholungspause von Ron zu verschaffen, mir aber andererseits auch klarzumachen, daß ich ohne meinen Mann nicht leben konnte.

Als Ron wieder zurückkam, war er in einer merkwürdigen Stimmung.

„Du, Maureen, ich glaube, ich drehe langsam durch . . .“

„Wie meinst du das?

„Ich weiß nicht, aber ich habe dauernd so komische Träume und komische Gedanken . . . als wollte Gott mir etwas sagen . . . als wollte er mir zeigen, daß ich Prediger werden sollte. Kann natürlich auch sein, daß der Teufel hinter mir her ist . . . Was meinst du? Es war so unheimlich still und einsam da draußen, und ich habe dich so sehr vermißt. Vielleicht lag es auch daran . . .“

Ich griff diese Erklärung bereitwillig auf. „Ja, es liegt bestimmt daran, daß du da oben so einsam warst. Da würde ja jeder durchdrehen. Vergiß die Sache am besten möglichst schnell wieder.“

Es war nicht das erste Mal, daß Ron von Gott sprach. Ich hatte ihn dazu nie gedrängt, weil mir die ganze Sache eher unheimlich war. Ich wußte nur sehr wenig über das Christentum und war der Ansicht, daß ein solch böser Mensch wie Ron gar nichts mit Gott zu tun haben könnte. Daß Gott auch Menschen wie Ron oder mich lieben könnte und daß Jesus gerade zur Rettung der Sünder gekommen war, hatte mir nie jemand gesagt.

In den folgenden Wochen war Ron launisch und unausgeglichen. Da er nun wieder arbeitslos war, machte er sich große Sorgen um unsere Finanzen. Eines Tages erzählte er mir von einer neuen Idee, wie er an Geld kommen könnte.

„Ich könnte ein paar Mädels auf den Strich schicken! Ich kenne ein oder zwei Frauen, die da sofort mitmachen würden. Weißt du, was die pro Stunde verdienen können? Vierzig bis fünfzig Eier! Ich besorge die Kundschaft und stecke mir dann einen ordentlichen Anteil in die eigene Tasche. Was hältst du davon?"

Was ich wirklich davon hielt, wollte ich Ron nicht zeigen. Mich ekelte bei dem Gedanken. Andererseits wußte ich, daß Ron, wenn er von solchen Frauen umgeben war, über kurz oder lang selber mit ihnen schlafen würde. Deshalb sah ich nur einen einzigen Ausweg. „Was soll das? Du brauchst doch keine anderen Frauen anzustellen. Laß mich für dich arbeiten, und wir können das ganze Geld behalten."

Ich werde es nie vergessen, wie ich auf meinen ersten „Freier" wartete. Eines Samstags abends rief ein Mann an. Am Telefon klang er höflich und sehr manierlich. Wie sich später herausstellte, war er ein erfolgreicher Geschäftsmann. Ich zitterte, als ich die Verabredung traf, obwohl ich mich bemühte, einen möglichst erfahrenen und souveränen Eindruck zu machen. Ich nannte ihm den Preis, den Ron mir gesagt hatte, und wir einigten uns auf einen Besuch am Montag nachmittag. Nachdem ich den Hörer aufgelegt hatte, berichtete ich Ron, was wir ausgemacht hatten, und er sagte mit zufriedenem Gesicht:

„Prima, Maureen! Weißt du was? Am Montag schnappe ich mir die Kinder, und wir gehen spazieren. Dann hast du das ganze Haus für dich allein! In Ordnung?"

„In Ordnung", sagte ich und versuchte zu lächeln. Ron merkte jedoch, daß meine Stimme unsicher klang, und sah plötzlich besorgt aus.

„Sag mal, bist du sicher, daß du das machen willst, Maureen?"

„Ja, Ron, wirklich, ich mach' das."

„Na also, mein Mädchen, so gefällst du mir! – Hör mal, was hältst du davon, wenn wir morgen an die See fahren und uns mit den Kindern einen schönen Tag machen. Dann kommst du mal auf andere Gedanken."

Obwohl ich vor Angst fast gestorben wäre, hatte ich doch nicht den Mut, das zuzugeben und einen Rückzieher zu machen, obwohl Ron mir ja die Möglichkeit dazu gegeben hatte. Ich wußte aber, daß er ärgerlich geworden wäre, wenn ich „nein" gesagt hätte, und daß er bestimmt andere Frauen für seine Idee finden würde. Auch freute ich mich, daß er nun mit mir zufrieden war. Schließlich spielte es auch eine Rolle – das muß ich ehrlicherweise zugeben –, daß ich es trotz meiner Abneigungen und Ängste genoß, ein Gefühl der Macht über die Männer zu haben, und auch stolz darauf war, daß sie bereit waren, einen so hohen Preis für mich zu zahlen.

Am folgenden Sonntag fuhren wir nach Portsmouth und verbrachten einen Tag am Meer. Ron war gut gelaunt und zeigte sich von seiner besten Seite. Er ließ die Jungen Karussell fahren und behandelte auch mich so liebevoll und zuvorkommend wie schon lange nicht mehr. Ich gab mir redliche Mühe, den Tag zu genießen, mußte jedoch immerfort an den kommenden Montag denken. Was würde geschehen? Was für ein Mensch der Mann wohl war? Was würde er von mir verlangen? Würde ich in der Lage sein, seine Wünsche zu erfüllen? Dann fielen mir die Prostituierten wieder ein, die ich während meiner Arbeit im Cumberland Hotel kennengelernt hatte, und ich erinnerte mich daran, was sie mir über ihre Freier erzählt hatten. Ich sah zu meinen Kindern hinüber und fragte mich, ob sie wohl jemals erfahren würden, was aus ihrer Mutter geworden war. Dann dachte ich an meine eigene Mutter und daran, wie entsetzt sie sein würde, wenn sie wüßte, was ihre Tochter trieb.

Schließlich kam der Montag. Ron ging mit den Jungen weg,

und mein Freier kam. Ich tat alles, was er von mir verlangte, wobei ich sagen muß, daß dieser Mann eigentlich sehr höflich war und nichts Außergewöhnliches oder Perverses von mir verlangte – nur, daß ich ein paar lederne Dessous anziehen mußte, die er mitgebracht hatte. Als die Stunde vorüber war, sagte er: „Das war herrlich. Ich komme bestimmt bald wieder." Wieder empfand ich für einen Moment ein Gefühl der Macht, aber kurz darauf kam ich mir unrein und besudelt vor und nahm, kaum daß der Mann gegangen war, erst einmal ein Bad.

Ich gab mir Mühe, den Besuch so schnell wie möglich zu vergessen, aber Ron wollte, daß ich ihm sämtliche Einzelheiten erzählte. Das sollte in Zukunft zur Regel werden, denn Ron wurde sexuell erregt, wenn ich ihm die Details berichtete. Nicht jeder meiner Freier war so rücksichtsvoll und hatte einen so normalen Geschmack wie mein erster. Es gab bald nichts mehr, was ich nicht mitmachte, und nach kurzer Zeit fühlte ich mich erniedrigt und gedemütigt. Schon bald war ich nur noch ein Häufchen Elend, ein seelisches Wrack. Aber ich sah keinen Ausweg aus der Situation. Meinen eigenen Willen hatte ich längst verloren. Ich war nur noch eine Marionette. Ron hielt die Fäden in der Hand, und ich tat, was er von mir verlangte.

Nach fünf oder sechs Monaten merkte auch Ron allmählich, wie sehr ich unter der Situation litt, und schlug deshalb vor, ich sollte erst einmal aufhören. Er hatte nun eine volle Stelle bei der Wachmannschaft, und deshalb brauchten wir uns um Geld jetzt keine Sorgen mehr zu machen. Ich war nun keine Prostituierte im eigentlichen Sinne mehr, aber Ron hatte sich inzwischen daran gewöhnt, daß ich mit anderen Männern schlief, und wollte auf die Erregung, die ihm dies verschaffte, nicht verzichten. Wenn deshalb abends seine männlichen Freunde bei uns zu Besuch waren, um Pornofilme zu sehen, wußten sie alle, daß Ron nichts dagegen hatte, wenn jemand anschließend mit mir im Schlafzimmer verschwand – im Gegenteil. Wieder hatte ich nicht den Mut zu widersprechen, denn ich wußte, daß Ron es so haben wollte.

Auch wenn diese Monate wohl die schlimmsten in meinem Leben waren, glaube ich heute, daß Gott sogar in dieser Situation seine Hand im Spiel hatte. Er ließ es zu, daß ich einen solchen Lebenswandel führte, denn er wußte, daß diese Erfahrung mir später helfen würde, eine Beziehung zu Frauen aufzubauen, die ein ähnliches Leben führen. Denn nur jemand, der das, was sie durchmachen, selber durchgemacht hat, kann diesen Prostituierten wirklich helfen. Auch sehe ich heute, daß die damalige Zeit, so schlimm sie war – und sie war wirklich ein Alptraum – noch schlimmer hätte sein können. Die meisten Prostituierten werden regelmäßig geschlagen oder verprügelt, und den wenigsten gelingt es auf Dauer, einer ansteckenden Geschlechtskrankheit zu entgehen. Beides ersparte mir Gott, und als er sah, daß ich nicht mehr konnte, errettete er mich aus meiner Situation.

Die Feuchtigkeit in unserem Bungalow war nach wie vor ein großes Problem. Michael litt nun immer häufiger unter Asthma-Anfällen, und auch an David ging die feuchte Luft nicht spurlos vorüber. Der Bungalow mußte dringend renoviert werden, aber der zuständige Verwalter weigerte sich, irgend etwas zu unternehmen. Schließlich waren wir es leid und beschlossen, unter allen Umständen auszuziehen. Ron erreichte, daß das Sozialamt uns auf die Warteliste für ein staatlich subventioniertes Miethaus setzte, und vereinbarte einen Termin mit einem Beamten des Gesundheitsamtes, der unseren Bungalow inspizieren sollte. Obwohl wir uns nicht allzu große Hoffnungen machten, hatten wir Glück. Das Amt war nämlich gerade auf der Suche nach einem Hausverwalter für einen Wohnpark in Hartley Wintney. Ron wurde die Stelle angeboten, inklusive eines Fünf-Zimmer-Hauses, das wir als Familie bewohnen konnten.

Ich war begeistert. Ich wußte, daß Hartley Wintney ein hübsches Dorf war, viel größer als Eversley und lange nicht so einsam. Dort würde ich meiner Mutter, die in Basingstoke wohnte, viel näher sein. Schon kurz darauf fuhren wir in den Ort und sahen uns das Haus an. Es war noch ganz neu und gefiel mir auf

Anhieb. Nach all den Jahren, die ich in einer viel zu engen Küche hatte kochen müssen, war ich besonders von der riesigen offenen Wohnküche angetan.

„Es ist wunderbar, Ron. Laß es uns doch nehmen."

„Ist gut. Ich werde direkt Bescheid sagen, daß wir uns entschieden haben."

„Aber wie sieht es mit Möbeln aus?" fragte ich. Der Bungalow war nämlich möbliert gewesen, und dieses Haus war völlig leer. „Auch Teppiche werden wir brauchen!"

„Mach dir darüber mal keine Sorgen", sagte Ron. „Ich hatte sowieso vor, ein paar von meinen Vögeln zu verkaufen. Das wird uns einiges an Geld einbringen."

Ich war sehr bewegt, daß Ron sogar seine Vögel um meinetwillen aufgeben wollte, und freute mich darüber, mit welcher Begeisterung er sich daranmachte, Teppiche und Möbel für unser neues Zuhause auszusuchen. Ihm lag seine Familie wirklich am Herzen. Auch machte er sich große Sorgen um die Gesundheit der Kinder. Der einzige weiche Kern in Rons hartem Wesen war die Liebe zu seinen Kindern. Es war für ihn nicht einfach, diese Liebe ihnen gegenüber auszudrücken, weil er in seiner eigenen Kindheit nie Liebe erfahren hatte. Auf seine ihm eigene Art jedoch war Ron ein fürsorgender Vater. Wenn ich heute höre, daß es Kinder gibt, die von ihren eigenen Eltern sexuell mißbraucht werden, merke ich, daß Rons Bosheit und seine niedrige Moral Grenzen hatte. Er war immer sehr bedacht darauf, daß die Jungen nichts davon merkten, was in unserem Haus vor sich ging, und achtete darauf, daß die Partys und Filmvorführngen nur spät abends stattfanden, wenn wir sicher sein konnten, daß die Kinder schliefen. Nachdem Ron selbst eine so furchtbare Kindheit ohne Liebe durchgemacht hatte, legte er Wert darauf, daß seinen Kindern dies erspart blieb. Wenn er zu Hause aggressiv oder gewalttätig wurde, richtete sich das viel eher gegen mich als gegen die Kinder.

„Ein neues Heim und ein neuer Anfang", dachte ich und hoffte wieder einmal, daß sich nun alles ändern würde. Dieses

Mal würden wir alle – Ron, ich und die Kinder – als eine glückliche Familie zusammenleben. Es kam natürlich anders, und es war einfach dumm von mir anzunehmen, daß sich irgend etwas ändern sollte. Nach wie vor litt ich unter Rons ständigen sexuellen Forderungen und seiner anschließenden Aggressivität, wenn ich seinen Vorstellungen nicht gerecht wurde. Noch immer hing er der Idee nach, andere Ehepaare für einen Partnertausch zu gewinnen, und nicht lange nach unserem Umzug wurde er endlich fündig: Ein junges Paar, so berichtete er mir, war bereit, regelmäßig mit uns die Geschlechtspartner zu tauschen.

Ich war furchtbar eifersüchtig, als Ron mir zum ersten Mal von Karen erzählte. Sie schien sehr unglücklich zu sein in ihrer Ehe, und wieder einmal kam in mir die Furcht hoch, Ron an eine andere Frau zu verlieren. Ich wollte gar nicht mit ihrem Mann schlafen, aber, wie so oft, gab ich schließlich nach und tat, was Ron von mir verlangte. Er beschloß, selber zu Karen zu gehen, während Peter, ihr Mann, zur gleichen Zeit in unser Haus kommen sollte. Als ich Peter das erste Mal traf, war ich sehr erleichtert, denn er schien ein netter Kerl zu sein. Aber er konnte so nett sein, wie er wollte – ich liebte niemanden außer Ron, und eines Tages rang ich mich dazu durch, dies Peter einzugestehen. Ich hatte nämlich den Eindruck, daß er mich in dieser Hinsicht verstehen und nicht wütend reagieren würde.

„Weißt du, Peter, ich mache das Ganze eigentlich nur Ron zuliebe. Wenn es nach mir ginge, hätte ich es längst drangegeben. Nichts gegen dich – ich mag dich sogar –, aber ich liebe nur Ron und will niemanden außer ihm."

Peter hatte Tränen in den Augen, als er mich ansah und antwortete: „Eigentlich geht es mir mit Karen genauso." Daraufhin beschlossen wir, nur noch zusammenzusitzen und uns zu unterhalten, bis die Zeit vorbei war und er wieder gehen mußte.

Ron war ganz begeistert von Karen und schwärmte von ihr in den höchsten Tönen. Ich war heilfroh, als es dann mit dem Partnertausch vorbei war, weil Peter und Karen plötzlich umziehen mußten. Dann jedoch fingen die wilden Partys wieder an. Ich hatte sogar den Eindruck, daß sie mit der Zeit noch wilder wurden. Ich litt sehr unter dem ganzen Druck, der auf mich ausgeübt wurde, und darunter, daß ich mir Sorgen machte, unnormal zu sein, entweder hoffnungslos veraltete Moralvorstellungen zu haben oder sogar frigide zu sein – ein Wort, das Ron in letzter Zeit des öfteren erwähnt hatte. Allmählich war ich nur noch ein Schatten meiner selbst und völlig fertig mit den Nerven. Es war wie in den Zeiten, als ich noch jung war – als unser erstes Baby geboren wurde und ich den Eindruck hatte, mit den Kindern nicht mehr fertig zu werden und unter der Last des Lebens zusammenzubrechen. Ich hätte mich am liebsten irgendwo eingeschlossen und wäre niemandem mehr begegnet. Es kam schließlich so weit, daß ich eine Überdosis Tabletten nahm, aber eine Nachbarin hatte es bemerkt und einen Arzt gerufen. Die Menge hätte auch nicht ausgereicht, um mir irgendeinen ernsthaften Schaden zuzufügen. Heute danke ich Gott, daß er mich bewahrt hat, aber damals war es mir vollkommen egal, ob ich tot oder lebendig war. Mein Arzt meinte schließlich, ich müßte Tranquilizer nehmen, aber das Valium, das er mir verschrieb, half auch nicht weiter. Es gab überhaupt keine Medikamente, die meine Probleme hätten lösen und mich von meinem inneren Kummer befreien können. Als ich damals unter Valium stand, war ich noch genauso unglücklich und unfähig, mit dem Leben fertig zu werden, wie vorher, nur darüber hinaus auch noch furchtbar müde und vergeßlich. Ich nahm dann bald keine Tranquilizer mehr, fing aber jetzt an zu trinken und hoffte, ich könnte auf diese Weise meinen Kummer betäuben. Damals freundete ich mich mit einer Frau namens Betty an. Sie wohnte direkt nebenan, hatte vier Kinder, war geschieden und eine starke Trinkerin. Wir tranken dann oft gemeinsam, und ich hatte das Gefühl, durch Bettys Freundschaft – in Verbindung mit dem Alkohol – ein wenig Trost gefunden zu haben. Jedenfalls verlor ich durch den Alkohol meine natürlichen Hemmungen und war dadurch imstande, besser auf Ron einzugehen, was ihm natürlich gefiel. Das Dumme war, daß sich auch Betty dauernd mit anderen Männern einließ. Meist waren es Bauarbeiter, die sie einlud, mit ihr zusammen „einen zu trinken". Auch ich machte bald die Bekanntschaft dieser Männer, und es dauerte nicht mehr lange, bis Betty und ich von allen als „leichte Beute" angesehen wurden.

Einer der Männer, die regelmäßig zu Betty kamen, hatte es in besonderer Weise auf mich abgesehen, und auch ich empfand bald etwas für ihn. Eines Tages, als Ron auf der Arbeit war, stand er vor unserer Haustür. Ich ließ ihn nicht herein, aber gerade in dem Moment, als er wieder ging, kam Ron zurück.

„Was war das für ein Kerl?" brüllte er.

„Niemand Besonderes, Ron", sagte ich und zitterte vor Furcht, denn Rons Gesicht war weiß vor Wut.

„Was soll das heißen: Niemand Besonderes? Ich warne dich: Führ mich nicht an der Nase herum und wag es ja nicht, mich anzulügen!"

„Es war nur jemand, den ich bei Betty kennengelernt habe. Er wollte zu mir, aber ich habe ihn nicht hereingelassen."

Ron warf die Tür hinter sich zu und stürmte davon. Nach kurzer Zeit kam er wieder, immer noch vor Wut schäumend.

„Der Junge kann sein Testament machen", rief er. „Ich war gerade bei Terry und Bob. Die beiden kommen morgen mit. Dem werden wir's zeigen!"

Ich flehte Ron an, keinen Ärger zu machen, aber das machte ihn nur noch wütender. Am nächsten Morgen kamen seine Freunde Bob und Terry, und die drei gingen sofort zur Baustelle. Als ich Ron vor sich hin murmeln hörte: „Ich bring' dich um! Ich bring' dich um!" erstarrte ich vor Angst. Zum Glück sah das potentielle Opfer die Männer schon frühzeitig kommen und machte sich aus dem Staub.

Später hörte ich dann, daß dieser Mann mir vorwarf, ihn „hereingelegt" zu haben, was mir eine solche Angst einjagte, daß ich mich nun gar nicht mehr traute, zu Betty zu gehen oder auch nur mein eigenes Haus zu verlassen – aus lauter Angst, ich könnte ihm oder seinen Freunden begegnen, die es offensichtlich auf mich abgesehen hatten.

Wie war ich nur in eine solche Misere geraten? Immer nur war ich auf der Suche nach ein bißchen Liebe gewesen, nach jemandem, den ich gerne haben könnte und der mich ebenfalls gerne hatte. Wie damals in meiner Kindheit, als ich so einsam war und mich nach einer Freundin gesehnt hatte, wünschte ich mir nun einen treuen und liebevollen Ehemann. „Gäbe es doch nur jemanden, der mich liebt, mich ganz allein . . .", hörte ich mich manchmal sagen. Obwohl ich Ron liebte, hatte ich doch längst die Hoffnung aufgegeben, daß er der liebevolle Mann sein könnte, den ich mir in meinen Träumen vorgestellt hatte und der nur mich allein liebte, denn Rons unberechenbare Aggressivität und seine Untreue schienen unveränderbare Bestandteile seines Charakters zu sein. Und doch hatte mich Ron niemals um einer anderen Frau willen verlassen, obwohl er genug Gelegenheiten dazu hatte. Auch ich hatte der Versuchung widerstanden, mich davonzustehlen, obwohl es mindestens einmal geschehen war, daß einer von Rons Freunden versucht hatte, mich von meinem Ehemann wegzulocken.

Einmal allerdings, als ich nervlich völlig am Ende war, zog ich es doch in Betracht, Ron zu verlassen. Ich wählte eine Nummer der „Samariter", einer Frauenhilfsorganisation, die für mich Kontakt zu einem Frauenhaus in Basingstoke aufnahmen. Ich hatte mich schon mit einer Frau aus diesem Heim verabredet und sollte am nächsten Morgen abgeholt und zusammen mit den Kindern dorthin gebracht werden. Mir war nicht ganz wohl bei dem Gedanken einer solchen Flucht, aber dieses Mal war ich fest entschlossen, zu meiner Entscheidung zu stehen. Gerade an diesem Abend jedoch kam Ron von der Arbeit zurück und war in einer wunderbaren, liebevollen Stimmung – gerade so, als sei er plötzlich ein anderer Mensch geworden. Als er so zärtlich zu mir war, konnte ich es nicht mehr übers Herz bringen, ihn zu verlassen, und rief am nächsten Morgen in dem Frauenhaus an, um Bescheid zu sagen, daß ich doch nicht käme. Am Ende dieses Tages war Ron wieder der alte, aber ich hatte den Eindruck, meine Chance gehabt und sie nicht genutzt zu haben. Jetzt war es zu spät, sagte ich mir. Ich habe mich oft gefragt, wie es kam, daß Ron gerade an diesem Abend so anders war und mich daran gehindert hat, ihn zu verlassen. Heute bin ich mir sicher, daß Gott an diesem Tag eingegriffen hat. All die furchtbaren Jahre hindurch hat er uns zusammengehalten, denn er wußte, daß unsere verzweifelte, destruktive Beziehung eines Tages in wirkliche Liebe verwandelt werden sollte.

Rons Krankheit

Nachdem unser jüngster Sohn eingeschult worden war, machte ich mich erneut auf die Suche nach einer Teilzeitbeschäftigung. Ich hatte das Gefühl, daß ich früher oder später „durchdrehen" würde, wenn ich den ganzen Tag alleine zu Hause herumsitzen würde. Ich hatte Glück, denn mir wurde eine Stelle in einem Antiquitätengeschäft bei uns im Ort angeboten. In diesem Geschäft sollte ich dann später über zehn Jahre lang arbeiten. Mein Chef war ein Jude, ein Mr. Lazarus, ein ausgesprochen höflicher und rücksichtsvoller Mensch. Nachträglich bin ich fest davon überzeugt, daß Gott mich in diese Stelle führte, denn ich hatte es wirklich nötig, einmal Abwechslung von meinen Problemen zu Hause zu bekommen. Auch brauchte ich dringend einen Menschen, mit dem ich freundschaftlich verbunden war, jemanden, der außerhalb meiner eigenen Situation stand und mich verstehen und mir zuhören konnte. Mr. Lazarus war ein solcher Mensch. Er hatte wirklich jede Menge Arbeit in seinem Laden, aber er hatte auch ein Gespür für Situationen, in denen ich Hilfe brauchte. Dann ließ er sofort alles stehen und liegen; wir setzten uns auf sein altes Ledersofa, tranken eine Tasse Tee und sprachen in aller Ruhe miteinander.

Eines Tages war ich mitten in der Nacht aus dem Haus gelaufen, da Ron und ich wieder einmal Streit miteinander hatten. Nachdem ich eine Weile lang ziellos in unserem Dorf herumgegangen war, kam ich an Mr. Lazarus' Geschäft vorbei und sah, wie er sich gerade von einem Freund verabschiedete. Er hatte mich auch gesehen, bat mich noch einmal in seinen Laden und redete mir gut zu. Schließlich hatte er mich soweit, daß ich bereit war, nach Hause zurückzukehren. Ich bin Gott dankbar dafür, daß er die Umstände so lenkte, daß es zu diesem Treffen kam, denn ich weiß nicht, was ich angestellt hätte, wenn ich in dieser Nacht nicht Mr. Lazarus getroffen hätte. Dieser Mann muß gewußt haben, was für einen Lebenswandel ich führte und welchen Ruf ich in unserem Ort hatte, und doch behandelte er mich stets mit Respekt. Meine Beziehung zu ihm war eine richtige Oase in dem Chaos der Welt, in dem ich ansonsten lebte.

Ron war immer noch sehr überarbeitet, lebte ein Leben voller Hektik und schlief viel zuwenig. Es war klar, daß seine Gesundheit unter diesem Tempo leiden mußte. Zu allem Überfluß hatte er sich auch noch einer Fußballmannschaft angeschlossen, in der er sich bald nicht nur als Trainer, sondern auch als Spieler betätigte. An einem freien Wochenende im August 1977 hatte Ron zugesagt, an einem Freundschaftsspiel teilzunehmen, dessen Erlös für einen wohltätigen Zweck bestimmt war. Am Abend zuvor waren wir beide auf einer Party. Als Ron nach Hause kam, fiel mir auf, wie blaß und erschöpft er aussah. Obwohl er nichts dringender brauchte als Schlaf, verbrachten wir die halbe Nacht mit einem furchtbaren Streit, wobei es wieder einmal um Sex ging. Er endete – wie immer – damit, daß ich zitternd vor mich hin weinte und Ron eine drohende Haltung einnahm, mit Kraftausdrücken um sich warf und schließlich bekam, was er wollte.

Als wir am nächsten Morgen am Fußballplatz ankamen, zitterte Ron am ganzen Körper und war leichenblaß. Ich fragte mich, wie er es schaffen wollte, in diesem Zustand Fußball zu spielen. Er sah so aus, als würde er jeden Moment zusammenbrechen. Ich wollte ihn eigentlich bitten, das Spiel abzusagen, aber ich wußte aus Erfahrung, daß Ron, wenn er sich einmal etwas in den Kopf gesetzt hatte, durch nichts wieder davon abzubringen war.

Zunächst ging es gut, aber bereits nach kurzer Zeit merkte ich, daß er immer schlechter spielte. „Mensch, Ron, reiß dich zusammen, deinetwegen verlieren wir noch“, riefen die anderen. Nachdem er einen Strafstoß verschossen hatte, wurden seine Bewegungen immer langsamer, und es sah so aus, als hätte er große Probleme beim Laufen. Als das Spiel zu Ende war, wankte Ron vom Feld. Dann sah ich, wie sich seine Hand plötzlich zur Faust formte und er sich an die Brust griff. Kurz darauf brach er zusammen. Einige seiner Mitspieler hoben ihn hoch und trugen ihn vom Platz. Ich hatte furchtbare Angst. Ron wurde erst einmal in das Vereinshaus gebracht, wo wir zusammen auf den Krankenwagen warteten. Ich saß die ganze Zeit über neben ihm und hielt seine Hand. Noch war er bei Bewußtsein, hatte jedoch sehr starke Schmerzen. Als der Notarzt kam, gab man ihm sofort Sauerstoff, und wir fuhren ins nächste Krankenhaus. Auch im Krankwagen blieb ich bei ihm und hielt seine Hand. Nur ein Gedanke ging mir durch den Kopf: „Ich bin an allem schuld!" Hätte ich ihm in der vergangenen Nacht eher nachgegeben, wäre er nicht so ärgerlich geworden und hätte mehr Schlaf bekommen. Vielleicht wäre dann das ganze Unglück nicht geschehen.

Ron wurde sofort auf die Intensivstation gebracht, und ich wurde gebeten, im Wartezimmer Platz zu nehmen. Nach einiger Zeit holte mich die Stationsschwester in ihr Zimmer und sagte mir, daß Ron einen Herzanfall gehabt habe. Wieder kamen mir die Tränen. Zwei Gedanken rasten durch meinen Kopf: Ron wird sterben, und ich bin schuld daran. Ich durfte dann noch kurz zu Ron. Er lag in einer Spezialkabine und bekam Infusionen. Auf einem EKG-Monitor konnte ich seinen Herzschlag beobachten. Da man ihm eine Morphium-Spritze gegeben hatte, war er inzwischen nicht mehr bei Bewußtsein. „Sie können nichts mehr für ihn tun, Mrs. Sims", sagte die Schwester. „Am besten wäre es, wenn Sie jetzt nach Hause gingen. Lassen Sie uns Ihre Telefonnummer hier; wir rufen dann sofort an, wenn wir etwas Neues wissen."

„Wird er es schaffen?" flüsterte ich.

„Es ist noch zu früh für eine Prognose. Aber sein Zustand ist inzwischen stabil. Versuchen Sie bitte, sich keine Sorgen zu machen."

Ich fuhr zum Fußballplatz zurück und sagte Rons Mitspielern, was geschehen war. Alle waren sehr mitfühlend und kümmerten sich rührend um mich. Danach fuhr ich zu einem unserer Bekannten, der auf die Jungen aufgepaßt hatte, und anschließend zum Essen wieder nach Hause. Als wir unseren Tee tranken, fragte Michael:

„Mami, wo ist Papa?"

„Papa geht es nicht gut. Er mußte ins Krankenhaus . . ."

„Wann kommt er wieder nach Hause?"

Hätte ich es doch nur selber gewußt. Ich gab mir Mühe, den Kindern Mut zu machen und sie nicht merken zu lassen, welche Angst ich hatte, aber sobald sie im Bett waren, warf ich mich hin und ließ meinen Tränen freien Lauf. Ich weinte mich in den Schlaf und rief, sobald es Morgen geworden war, im Krankenhaus an. Ich erfuhr, daß Rons Zustand immer noch stabil war, aber daß es besser wäre, wenn ich ihn nicht besuchte.

Nach zwei Tagen konnte Ron die Intensivstation wieder verlassen, und ich durfte ihn nun jeden Tag besuchen. Zehn Tage später wurde er entlassen. Die Ärzte rieten ihm dringend, sich einen ruhigeren Lebensstil zuzulegen, und sagten ihm, er müsse unbedingt mit dem Rauchen aufhören und abends früher ins Bett gehen. Ich bezog ihm unten in unserem Haus ein Bett, so daß er keine Treppen zu steigen brauchte. Es war furchtbar, ihn so hilflos zu sehen. Bei jeder Bewegung hatte er Angst, die Herzschmerzen könnten wieder auftreten. Im Laufe der Zeit jedoch wurde er kräftiger. Daß er beruflich zum Nichtstun gezwungen war, frustrierte ihn sehr, und bald fing er wieder an zu rauchen. Es dauerte nur wenige Tage, bis er den nächsten Anfall hatte und wieder nach Basingstoke ins Krankenhaus gebracht werden mußte.

Dieses Mal schienen die Schmerzen noch größer zu sein als beim ersten Anfall. Die Krankenhausroutine wiederholte sich: Infusionen, Spritzen, der Monitor an seinem Bett zur Überwachung des Herzens. Ich hatte große Angst, daß Ron es dieses Mal nicht schaffen würde, aber wieder einmal kam er mit dem

Leben davon. Die Ärzte versuchten ihm klarzumachen, daß die einzige Möglichkeit, einen weiteren Anfall oder eine Angina pectoris zu vermeiden, darin bestand, jeglicher Art von Aufregung und Streß aus dem Weg zu gehen. Dasselbe hatte auch ich ihm raten wollen, hatte dann jedoch Angst, meine Ratschläge könnten zuviel des Guten sein und ihn zu Widerspruch oder Ärger provozieren. Wenn er gemerkt hätte, wie viele Sorgen ich mir in Wirklichkeit um ihm machte, wäre diese Aufregung wahrscheinlich für sein Herz zu viel gewesen. Ich war nämlich fest davon überzeugt, daß ein Mensch beim dritten Herzanfall unweigerlich stirbt, und wollte unter keinen Umständen der Auslöser für einen solchen dritten Anfall sein.

Als Ron wieder nach Hause kam, mußte er noch eine Weile in seinem Bett im Wohnzimmer bleiben. Man hatte ihm gesagt, daß er sich nicht aufregen sollte, ihm aber auch deutlich gemacht, daß er eine ganze Zeitlang nicht würde arbeiten können. Die Folge davon war, daß er seine Arbeitsstelle verlor und wir uns unweigerlich neue Sorgen um unsere finanziellen Verhältnisse machten. Meine Teilzeitstelle brachte viel zuwenig Geld ein, um davon eine Familie ernähren zu können. Es bewegte uns sehr, als eines Tages einige von Rons Arbeitskollegen uns besuchten und einer von ihnen mit einer ungeschickten Bewegung ein Bündel Banknoten aus der Tasche zog. Er überreichte es uns und sagte verlegen: „Wir haben ein bißchen zusammengelegt. Es müßten so um die 250 Pfund sein."

Als die Männer gegangen waren, war Ron so gerührt, daß er in Tränen ausbrach. Ich machte mir Sorgen, daß diese Gefühle seinem Herz schaden könnten, und drückte ihn ganz fest an mich: „Siehst du, mein Schatz, wir kommen schon zurecht", tröstete ich ihn. „Es wird alles gut werden."

Ich gab mir redliche Mühe, beruhigend auf ihn einzuwirken, aber auch ich war innerlich sehr bewegt. Diese Männer hatten alle unter Rons gewalttätigem Wesen leiden müssen, und sie wußten genau, was er für einen Lebenswandel führte. Wie kam es nur, daß sie so an ihm hingen – trotz aller seiner Fehler?

Als Ron wieder zu Kräften kam, schlugen ihm seine Ärzte vor, eine Rehabilitationsklinik zu besuchen. Vielleicht würde er dann später sogar wieder arbeiten können. Als Ron dann tagsüber weg war, freute ich mich einerseits, ein wenig Ruhe zu haben, wurde aber andererseits, sobald er meinen Augen entschwunden war, von der Sorge geplagt, er könnte einen weiteren Anfall haben. Nach sechs Wochen in der Reha-Klinik hieß es, Ron sei jetzt kräftig genug, um wieder mit einer leichten Arbeit zu beginnen. Man hatte ihn ausführlich untersucht, alle möglichen Tests an ihm durchgeführt, und er hatte in jeder Hinsicht gut abgeschnitten, was seinem Selbstbewußtsein enormen Auftrieb gab. Schon zwei Wochen später fand er eine neue Arbeitsstelle – als Leiter eines Wach- und Sicherheitsdienstes in Fleet.

Wir freuten uns alle, daß Ron nun wieder Arbeit hatte und daß regelmäßig Geld hereinkam. Was jedoch seine Gesundheit betraf, so war diese Stelle alles andere als ideal. Er war selten vor abends spät zu Hause und trug sehr viel Verantwortung. Auch kam er nun wieder in Kontakt mit einigen der Männer, die er von früher kannte, und bald fingen auch die wilden Partys wieder an.

Der einzig positive Aspekt an Rons Krankheit – so hatte ich gedacht – war die Tatsache, daß sie ihn dazu zwang, sich um einen ruhigeren Lebensstil zu bemühen. Nach dem zweiten Herzanfall hörte er auch tatsächlich mit dem Rauchen auf, und ich hatte die Hoffnung, daß er nun insgesamt ruhiger leben würde. Doch er las weiterhin viele Pornohefte, fing bald auch wieder an, damit zu handeln, und es dauerte nicht mehr lange, bis wir – was unseren Lebenswandel betraf – wieder genau da waren, wo wir vor seinen Krankheit waren. Zwar hatte man Ron jeglichen Geschlechtsverkehr verboten, weil sein Herz in der Gefahr stand, darunter zu leiden, aber immer noch war er ganz versessen auf Sex.

In gewisser Hinsicht war es jetzt sogar noch schlimmer als vorher, denn nun war Ron immer häufiger frustriert und fühlte sich in seiner Männlichkeit bedroht. Er tat mir wirklich leid, aber ich wußte auch nicht, wie ich ihm hätte helfen können. Während Rons Gier nach Sex ständig zunahm, hatte ich immer mehr Angst davor. Ich hatte mir eingebildet, daß ich nun, da Ron nicht mehr mit mir schlafen durfte, auch nicht mit einem anderen Mann schlafen brauchte, was jedoch ein Irrtum war. Eines Abends, als Ron nicht da war, kam Chris, einer seiner Freunde, vorbei. Kaum hatte er die Tür hinter sich zugemacht, fing er mit seinen Annäherungsversuchen an. Ich wies ihn ab, woraufhin er ganz verwundert war und sagte: „Was soll das? Ron hat schließlich nichts dagegen."

„Bitte geh!" bat ich ihn. „Ich will es nicht. Ich will nur Ron!"

Chris grinste nur und sagte: „Vielleicht solltest du auch mal berücksichtigen, was Ron will."

Mir wurde schlecht bei diesem Gedanken. Ich schaffte es zwar, Chris wieder loszuwerden, wußte jedoch, daß ich, falls Ron wirklich so etwas wollte, früher oder später nachgeben würde, was dann auch geschah. Jedesmal, wenn einer von Rons Freunden vorbeikam, fing ich an zu zittern und verspürte ein übles Gefühl im Magen, denn ich wußte genau, was man von mir erwartete. Ebenso genau wußte ich, daß ich keine Kraft finden würde zu widerstehen. Meine Liebe zu Ron und meine Furcht vor ihm hatten mich zu seiner Marionette werden lassen. Mein schwacher Charakter wurde von seiner starken Persönlichkeit inzwischen vollkommen dominiert.

Rons lange Arbeitszeiten, seine andauernden Frustrationen und die Sorgen um seine Gesundheit führten dazu, daß er inzwischen noch früher „explodierte" als zuvor. Unsere Ehe wurde immer schlechter, und ich war inzwischen so weit, daß ich von Ron gar nichts anderes mehr erwartete, als daß er mich mißbrauchen und bedrohen würde. Eines Nachts kam es soweit, daß er mir ein Messer an die Kehle hielt. Dann sagte er: „Nimm mir das besser ab, sonst bringe ich dich damit noch um!" Manchmal war ich fest davon überzeugt, daß er dies früher oder später wahr machen würde. Manchmal dachte ich auch an Selbstmord.

Eines Samstags nachmittags saß ich mit Ron und den Kindern in unserem Wohnzimmer. Wir waren gerade von einem Fußballspiel nach Hause gekommen. Plötzlich klopfte es an der Tür. Draußen stand ein junger Mann, der mir unbekannt war.

„Hallo“, sagte er. „Ich bin Steven.“

Der Name sagte mir nichts. „Steven? – Und wie ist ihr Nachname?“

„Sims. – Steven Sims. Ich bin Rons Sohn.“

Ich ließ ihn im Flur stehen und eilte ins Wohnzimmer zurück. Ich wollte Ron möglichst schonend auf diese Überraschung vorbereiten, denn ich machte mir große Sorgen um sein Herz. Nachdem ich ihm ganz ruhig erklärt hatte, daß sein Sohn Steven wiederaufgetaucht war und ihn besuchen wollte, sprang Ron von seinem Sessel auf und lief in den Flur. Im nächsten Moment lagen sich die beiden in den Armen. Ron war sehr bewegt. Er hatte seine alte Familie nie vergessen, hatte nur inzwischen resigniert, weil er der Meinung war, daß er sie für immer verloren hatte.

Er bat Steven herein, und sobald er im Wohnzimmer Platz genommen und eine Tasse Tee bekommen hatte, fragte Ron ihn, wie es ihm ginge und was aus den anderen Kindern geworden war.

Steven berichtete, daß der Stiefvater die Kinder sehr schlecht behandelt hätte und daß die älteren Kinder an dem Tag, als sie mit der Schule fertig waren, das Haus hätten verlassen müssen. Mit Steven selbst war es in den letzten drei Jahren radikal bergab gegangen. Seine Schwester Tina hatte mit sechzehn Jahren geheiratet. Die Ehe war eine einzige Katastrophe. Tina hatte dann wieder geheiratet und war inzwischen Mutter einer kleinen Tochter. Ron freute sich und war ganz überrascht, daß er nun Großvater war. Als Steven dann erzählte, daß John, der zweitälteste Junge, mit dem Gesetz in Konflikt geraten war und eine Gefängnisstrafe abgesessen hatte, verdüsterte sich Rons Miene wieder. Auch Mike, sein jüngster Sohn, war in Schwierigkeiten geraten und hatte eine Zeitlang in einem Heim für schwererziehbare Jugendliche zubringen müssen.

Ron bat mich dann, einmal kurz mit ihm in das Nebenzimmer zu gehen. „Maureen", sagte er, „ich würde Steven so gerne anbieten, bei uns zu wohnen. Meinst du, wir könnten das schaffen?"

„Na klar schaffen wir das. Wir stecken die Jungen in das große Schlafzimmer, und er kann das kleine haben. Biet es ihm doch am besten gleich an."

Ich war so froh, daß Ron seinen Sohn nun wiedergefunden hatte. Was mich betraf, so hatte ich mir fest vorgenommen, Steven ganz genauso zu behandeln, als wäre er mein eigenes Kind. Schon am folgenden Wochenende zog Steven bei uns ein. Ron und er fuhren dann sogleich nach Cardiff, weil Ron auch Tina und Mike wiedersehen wollte. Es dauerte nicht lange, bis ich Rons gesamte Familie kennengelernt hatte. Ich mochte sie alle, denn sie gehörten zu Ron. Während seines Besuches in Wales hatte Tina eine Bemerkung gemacht, die Ron befürchten ließ, daß auch sein Sohn Steven in irgendeine kriminelle Handlung verwickelt gewesen sein könnte. Da Ron im Wach- und Sicherheitsdienst arbeitete, war es für ihn nicht allzu schwierig, diesen Verdacht zu überprüfen. Es stellte sich heraus, daß Steven zusammen mit seinem Bruder einen Einbruch begangen und nach der Untersuchungshaft nicht vor Gericht erschienen war. Wir hätten uns selber schuldig gemacht, wenn wir ihn weiter beherbergt hätten, und so überredete ihn Ron, sich zu stellen. Er versprach ihm, bei der Verhandlung dabeizusein und ein gutes Wort für ihn einzulegen. Der zuständige Richter ließ dann auch tatsächlich Milde walten, schickte ihn nicht ins Gefängnis, sondern setzte die Strafe zur Bewährung aus, vorausgesetzt, daß wir für Steven bürgten. So kam er mit einer Geldstrafe davon und wohnte bald wieder bei uns. Ron war froh, seinen Sohn endlich wieder bei sich zu haben, und auch ich gab mir Mühe, Steven zu helfen, wo ich nur konnte. Der junge Mann tat mir wirklich leid. Ich wußte, daß er in seiner Kindheit keine Liebe bekommen hatte, und versuchte, ihn jetzt dafür zu entschädigen. Ich bediente und umsorgte ihn von vorne bis hinten, so daß Steven am

Ende mehr Aufmerksamkeit bekam als meine eigenen Kinder. Doch die Wunden und Verletzungen aus seiner Vergangenheit saßen zu tief, als daß die Liebe und Fürsorge, die er nun erhielt, sein Wesen noch hätten verändern können. Er gab sich nicht die geringste Mühe, eine neue Arbeitsstelle zu finden, und traf sich statt dessen immer häufiger mit einer Clique von hartgesottenen Burschen, deren Hauptbeschäftigung im Trinken bestand. Oft mußte ich ihn, wenn er abends betrunken nach Hause kam, wie ein kleines Kind ausziehen und ins Bett bringen. Schließlich nutzte er uns nur noch aus und ließ auch mehrere Male erkennen, daß er neidisch auf unsere Kinder und Rons Liebe zu ihnen war. Auch versuchte er, einen Keil zwischen Ron und mich zu treiben, was unserer ohnehin schon brüchig gewordenen Ehe noch weitere Probleme einbrachte.

Schließlich rangen wir uns schweren Herzens zu der Entscheidung durch, daß Steven gehen mußte. Ron hatte stets Wert darauf gelegt, die Kinder von allzu negativen Einflüssen fernzuhalten, aber Steven kümmerte das überhaupt nicht. Da Graham inzwischen elf Jahre alt geworden war, machten wir uns große Sorgen um ihn, da Steven einen sehr starken Einfluß auf ihn ausübte. Als wir Steven dann unsere Entscheidung mitteilten, war er weder wütend noch überrascht. Anscheinend schien er schon damit gerechnet zu haben und zog dann zu seinen neuen Freunden, die er in Fleet kennengelernt hatte.

Die lange Arbeitszeit und der niedrige Lohn, den Ron für seine Arbeit erhielt, verschlechterten seine Stimmung immer mehr, so daß er sich nach einiger Zeit entschied, wieder auf einer Autobahnbaustelle zu arbeiten. Damals wurde in Odiham – einem Ort in unserer Nähe – eine aufwendige Umgehungsstraße gebaut, und die Baufirma brauchte eine Menge Arbeiter, die Ron dann als Vorarbeiter beaufsichtigen sollte. Er fühlte sich inzwischen wieder vollkommen gesund und setzte nach einiger Zeit sogar seine Herzmedikamente ab. Da er nun wieder mehr Geld verdiente, begann er erneut mit der Vogelzucht, ja dachte zeitweise sogar daran, seine Käfige in ruhigere Gefilde zu verlegen. „Wie wäre es, wenn wir alle aufs Land zögen, zum Beispiel nach Devon?“ schlug er eines Tages voller Enthusiasmus vor. „Dort könnte ich eine richtige Vogelzucht aufziehen!“

Es sollte jedoch anders kommen. An einem Freitagabend im Mai 1980 kam er von der Arbeit nach Hause und machte sich in der Küche etwas zu essen. Plötzlich hörte ich einen Schrei und sah, wie Ron zusammenbrach.

„Maureen ... wieder dasselbe wie damals“, keuchte er. „Es tut ... so weh. Ich kann nicht mehr. Bring die Kinder weg ... schnell!“ Die Jungen standen erschrocken daneben und riefen: „Papa, Papa, was ist los?“ Ich rannte zum Telefon und rief den Arzt an. Kurz nachdem ich angerufen hatte, bekam Michael einen furchtbaren Asthmaanfall, so daß ich nicht mehr wußte, wo mir der Kopf stand. Der Arzt kam sofort und verabreichte Ron als erstes eine Morphium-Spritze. Dann bestellte er einen Krankenwagen, bat mich jedoch dringend, zu Hause zu bleiben. Er erklärte mir, daß ich Ron im Moment nicht helfen könnte, zumal er auch sah, daß ich beide Hände voll zu tun hatte mit Michael und seinen Anfällen. Ich fühlte mich unendlich hilflos. Als ich Rons Hand ergriff und ihn zum Abschied auf die Stirn küssen wollte, wehrte er ab, weil er kaum noch Luft bekam.

Weinend sah ich dem Krankenwagen nach, der Ron nach Basingstoke ins Krankenhaus bringen sollte. „Hilf, daß er nicht stirbt, bitte hilf, daß er nicht stirbt“, hörte ich mich sagen, obwohl ich mir kaum noch Hoffnung machte. Da ich ja fest davon überzeugt war, daß ein dritter Herzanfall stets tödlich ausging, war ich mir ziemlich sicher, daß ich Ron nicht lebend wiedersehen würde. Ich versuchte, die Jungen zu beruhigen, und setzte mich mit ihnen vor den Fernseher, bis sie schließlich müde genug waren, um ins Bett zu gehen. Als ich dann im Krankenhaus anrief, sagte man mir, daß Ron wieder auf der Intensivstation lag.

Unfähig, Schlaf zu finden, lag ich in meinem Bett und sagte immer wieder vor mich hin: „Laß ihn bitte nicht sterben. Ich liebe ihn doch; laß ihn nicht sterben.“ Es war eigentlich kein Gebet, denn ich wußte nichts über Gott und hatte keine Ahnung, zu wem ich redete. Ich wußte nur, daß ich Ron liebte, trotz aller seiner Fehler, und daß ich nicht ohne ihn existieren konnte. Schließlich schlief ich irgendwann ein, wurde aber bald durch das Läuten des Telefons wieder geweckt. Ich sah auf meine Uhr: erst fünf! Mit zitternder Hand griff ich zum Hörer.

„Mrs. Sims?“ fragte eine Stimme.

„Ja ... am Apparat. Sie rufen aus dem Krankenhaus an? Wie geht es meinem Mann?“

„Sein Zustand ist äußerst kritisch. Wir möchten Sie bitten, so schnell wie möglich herzukommen.“

Noch ganz benommen wankte ich ins Kinderzimmer, weckte die Jungen und war erleichtert, daß Michael wenigstens keine Anfälle mehr hatte. Dann lief ich zu einer Freundin, die ein paar Häuser weiter wohnte, und bat sie, uns nach Basingstoke zu bringen. Vorher fuhren wir noch bei meiner Mutter vorbei, denn ich wollte sie unbedingt bei mir haben. Nachdem wir die Kinder bei meiner Tante abgegeben hatten, erreichten wir das Krankenhaus, wo wir erfuhren, daß Ron nicht nur einen Herzanfall, sondern am frühen Morgen noch zusätzlich einen Infarkt mit anschließendem Herzstillstand gehabt hatte. Für kurze Zeit war er bereits „tot“ gewesen, aber es war den Ärzten gelungen, ihn zu reanimieren. Als wir dann zu ihm kamen, lag er unter einer Sauerstoffmaske und bekam Infusionen. Mama und ich setzten uns neben sein Bett und weinten hemmungslos. Plötzlich jedoch kam er zu sich, erkannte mich und versuchte zu sprechen: „Hallo, Schatz ... hast du meine Vögel gefüttert?“ flüsterte er.

„Ja ... sicher, das habe ich nicht vergessen. Du brauchst dir um deine Vögel keine Sorgen zu machen“, beruhigte ich ihn. „Jetzt bleib’ erst mal ruhig liegen, und werd’ wieder ganz gesund. Wir wollen dich nämlich bald wieder bei uns zu Hause haben.“

Meine Mutter mußte dann wieder gehen, weil sie sich um die Kinder kümmern wollte. Kurz darauf verließ auch ich das

Krankenzimmer, weil ich Rons Familie anrufen wollte. Steven kam daraufhin sofort ins Krankenhaus. Nachdem er eine kurze Zeit bei seinem Vater im Zimmer gewesen war, schrillten plötzlich die Alarmglocken. Aus allen Richtungen kamen Ärzte und Schwestern herbeigeeilt. Steven kam aus dem Zimmer gelaufen. Die Angst stand ihm im Gesicht.

„Ich weiß nicht, was los ist. Auf einmal wurde er ganz ganz blau im Gesicht. Dann haben sie mich herausgeworfen."

Bald kam eine Schwester aus dem Zimmer und nahm mich zur Seite. „Setzen Sie sich bitte, Mrs. Sims. – Es tut mir leid, aber Ihr Mann hat soeben einen weiteren Herzanfall bekommen."

„Lebt er noch?" fragte ich ängstlich.

„Ja, aber sein Zustand ist äußerst kritisch. Wir tun alles, was in unserer Macht steht, um ihn durchzubringen, aber ich kann ihnen für nichts garantieren. Es ist wohl das beste, wenn Sie auch in der kommenden Nacht hierbleiben . . ."

Ich merkte, daß ich nun alleine gelassen werden wollte, und bat die übrigen Familienmitglieder, erst einmal zu gehen. Spätabends kam Rons Bruder Barry. Er wollte die Nacht im Wartezimmer verbringen, um sofort zur Stelle zu sein, wenn ich Hilfe brauchte. Man ließ mich nicht in Rons Zimmer, denn er brauchte absolute Ruhe. Ich konnte nicht schlafen, denn ich erwartete dauernd, daß jemand klopfen und mir die Todesnachricht überbringen würde. Schließlich fiel ich doch in einen unruhigen Schlaf und glaubte mehrere Male, jemanden an der Tür zu hören. Als ich hochschreckte, merkte ich jedoch, daß ich mich getäuscht hatte. Am nächsten Morgen wachte ich völlig zerschlagen auf, war aber, da niemand gekommen war, froh, daß Ron die Nacht anscheinend überlebt hatte. Sogleich ging ich in das Wartezimmer, wo Barry gerade eine Tasse Tee trank. Er hatte auf zwei zusammengeschobenen Sesseln geschlafen und mitten in der Nacht Besuch von drei Nonnen aus dem Krankenhaus bekommen. „Das sah vielleicht komisch aus, als die dastanden und mich von oben bis unten musterten", erzählte er, sichtlich darum bemüht, seine Schwägerin ein wenig aufzuheitern. „Ich dachte schon, ich wäre gestorben und im Himmel gelandet“, sagte er, woraufhin ich tatsächlich kurz lachen mußte. Ich war froh, jemanden bei mir zu haben, der mir in dieser Situation Trost und Beistand geben konnte.

Als ich wieder zur Intensivstation zurückging, kam mir bereits die Stationsschwester entgegen.

„Wie sieht's aus?“ fragte ich ängstlich.

„Er ist über den Berg!“ sagte sie. „Aber er braucht jetzt Ruhe und darf nicht gestört werden. Sie können zu ihm gehen, aber außer ihnen darf ihn niemand besuchen.“

Ich war unendlich dankbar und konnte es noch gar nicht fassen, daß Ron jetzt außer Lebensgefahr war. Schon zwei Tage später durfte er die Intensivstation wieder verlassen. Er hatte immer noch Schmerzen und war ein schwerkranker Mann, aber ich merkte, daß es ihm von Tag zu Tag besserging.

Noch zwei weitere Ereignisse, die in die Zeit von Rons Krankenhausaufenthalt fielen, sind mir im Gedächtnis haften geblieben. Rons Vater starb in dieser Zeit an einem Herzanfall. Wir sagten dies Ron jedoch erst, nachdem er entlassen worden war, denn ich hatte Angst, daß er die Nachricht in seinem damaligen Zustand nicht verkraftet hätte.

Die andere Begebenheit, an die ich mich erinnere, hing mit einer Nonne zusammen, die sich im Krankenhaus mit mir anfreundete. Sie kam regelmäßig, um ihren Bruder zu besuchen, und sagte mir eines Tages, daß sie für Ron beten würde. Auch ihrer Kirchengemeinde hatte sie mitgeteilt, daß man dort nicht nur für ihren Bruder, sondern auch für Ron beten sollte. Als es Ron wieder besserging, besuchte sie ihn öfters, und ich merkte Ron nach diesen Besuchen an, wieviel sie ihm bedeuteten. Das Gespräch mit der Nonne hatte ihn ruhig und nachdenklich gemacht, und er bat mich damals sogar, für ihn zu beten. Am gleichen Tag, als Ron das Krankenhaus verlassen durfte, erfuhren wir, daß der Bruder der Nonne gestorben war.

In vielerlei Hinsicht war aus Ron nach seiner Entlassung ein anderer Mensch geworden. Er war dem Tod sehr nahe gekommen, eine Erfahrung, die ihn seelisch sehr erschüttert hatte. Er mußte nun darauf achten, sehr, sehr ruhig zu leben, da die geringste körperliche Anstrengung Herzschmerzen verursachte. Obwohl es ihm seine Ärzte verboten hatten, fing er jedoch nach einiger Zeit wieder an zu arbeiten.

Zwar gab es nun keine wilden Partys mehr, und Ron hielt sich auch anfangs an die Ruhe, die ihm verordnet worden war, wollte jedoch bald auf seine sexuelle Ersatzbefriedigung nicht länger verzichten. Kurz darauf kamen deshalb seine Freunde wieder an, um mit mir zu schlafen, und wie immer gab ich nach. Mich ekelte das Ganze an, und bei jedem Besuch hoffte ich, er würde der letzte sein. Ich wußte aber auch, daß ich es nicht schaffen würde, Ron irgend etwas abzuschlagen. Ich befürchtete, er könnte ärgerlich oder böse werden – nicht nur, daß ich selber davor Angst hatte, sondern ich war auch besorgt, daß die kleinste Aufregung einen neuen Anfall auslösen könnte. Innerlich hatte ich ständig Angst davor, daß er sterben könnte, so daß ich mich schließlich verpflichtet fühlte, alles mitzumachen, was ihm Spaß machte.

Nach kurzer Zeit wurde Ron wieder krank. Er hatte plötzlich heftige Herzschmerzen, und es stellte sich heraus, daß es sich um eine Angina pectoris handelte. Ein erfahrener Kardiologe riet ihm, im Krankenhaus von Southampton abklären zu lassen, ob eine Bypassoperation nötig war. Es wurde eine Herzkatheter-Untersuchung durchgeführt sowie eine Reihe anderer Untersuchungen, die teilweise äußerst zermürbend waren. Sie dauerten insgesamt sechs Tage. Rons Nerven wurden noch zusätzlich dadurch strapaziert, daß er miterleben mußte, wie einer seiner Mitpatienten, gerade, als er auf den Beginn seiner Operation wartete, einen schweren Anfall bekam. – Als die Untersuchungen dann schließlich vorüber waren, ging der zuständige Arzt von Bett zu Bett, um den Patienten den Befund mitzuteilen. Ich merkte, wie sich Ron innerlich verkrampfte, als er sich seinem Bett näherte. Der Arzt lächelte jedoch ermutigend und sagte: „Für Sie habe ich sehr gute Nachrichten, Mr. Sims. –

Eine Bypassoperation ist nicht notwendig. Zwar hat sich eine der Arterien ein wenig verengt, aber die anderen sind noch in Ordnung, und auch der Herzmuskel ist viel kräftiger, als wir erwartet hatten. Alles in allem bin ich sehr optimistisch – auch was Ihre Zukunft anbetrifft."

Wieder hatte ich den Eindruck, es sei ein Wunder geschehen. Die Tage nach den Untersuchungen gehörten zu den bisher schönsten unserer Ehe, denn wir fühlten einander sehr nahe und verstanden uns wirklich gut. Leider ging diese Zeit schnell wieder vorüber, und es dauerte nicht allzulange, bis wieder alles beim alten war. Ron kehrte nach Odiham zu seiner Autobahnbaustelle zurück und war nun wieder ständig von rauhen Typen umgeben, deren Manieren – einschließlich der obszönen Sprache – bald stark auf ihn abfärbten. Ich selbst sah mich erneut nach einer Teilzeitbeschäftigung um und bekam bald eine Putzstelle im Büro der Baufirma, für die Ron arbeitete. Die Bauarbeiter und Angestellten verstanden sich gut mit mir und mit einer zweiten Frau, die dort als Putzhilfe arbeitete, und wir waren ständig ausgelassen und machten unsere Witze. Eines Abends saßen wir alle in einem der Wohnwagen zusammen und tranken Tee. Es war ein völlig harmloses Zusammensein, aber irgendwie muß dadurch bei den anderen der Eindruck entstanden sein, wir beide seien zu mehr bereit als harmlosen Flirts und Scherzen. Ron geriet darauf wieder einmal fürchterlich in Rage. „Wie ich es auch mache; ich mache es falsch", dachte ich. Ron hatte doch immer gewollt, daß mich die anderen bewunderten, und ich hatte nur deshalb mit ihnen geflirtet, damit er wieder einmal stolz darauf sein konnte, was für eine Frau er hatte. Nun hatte ich überhaupt keine Lust mehr, dort zu arbeiten, und kündigte kurze Zeit später.

Neuen Grund zur Aufregung gab es, als wir erfuhren, daß Steven wegen Brandstiftung angeklagt worden war. Es folgte eine Zwangseinweisung in eine Jugenderziehungsanstalt. Das war mehr, als Ron verkraften konnte. Seine schwere Arbeit, die vielen Überstunden und nun diese Nachricht führten dazu, daß die Herzanfälle wieder häufiger auftraten und immer stärker wurden. Sein Arzt ließ nun nicht mehr mit sich reden. Er verlangte, daß Ron sofort mit der Arbeit aufhörte, und Ron blieb nichts anderes übrig, als sich zu fügen. – Heute habe ich den Eindruck, als hätte Gott diese Anfälle zugelassen, damit Ron endlich Schluß machte mit seinem mörderischen Lebensstil. Auch bin ich fest davon überzeugt, daß Ron nach seinem vierten Anfall nur deshalb noch einmal mit dem Leben davonkam, weil Gott in seinem Reich noch Arbeit für ihn hatte.

Als Ron mit der Arbeit auf der Autobahnbaustelle endgültig aufgehört hatte, fühlten wir uns beide erleichtert. Nun ging es uns in mancher Hinsicht besser, aber es dauerte nicht allzulange, bis wir uns wieder ernsthafte Geldsorgen machten. Wir mußten nun mit Rons Rente auskommen und dem wenigen, was ich noch verdiente. Oft hatte Ron Schmerzen, und immer häufiger litt er auch unter Depressionen. Es war schlimm, zusehen zu müssen, wie solch ein vitaler Mensch, der einst voller Lebenskraft steckte, nun immer niedergeschlagener und apathischer wurde. Manchmal weinte er hemmungslos vor sich hin und sagte dann: „Es ist alles aus – aus und vorbei! Mein Leben hat keinen Sinn mehr. Ich bin zu nichts mehr nütze." Am schlimmsten für ihn war es wohl, daß er seine Vögel verkaufen mußte. Es brach ihm fast das Herz, als ein Käufer sie schließlich mitnahm. Ein Hobby wäre damals, als er soviel Freizeit hatte, genau das Richtige für Ron gewesen. Trotzdem: Es mußte sein, da wir das Geld bitter nötig hatten.

Ron war inzwischen sehr abhängig von mir geworden, und langsam aber sicher stellten sich bei mir Zeichen der körperlichen Erschöpfung ein. Auch seelisch wurde ich bald immer verzagter, bis ich die Zukunft nur noch dunkel und drohend vor uns liegen sah. Während Rons Krankheit hatte ich erneut gemerkt, wie sehr ich ihn liebte und brauchte, aber unsere Ehe war nach wie vor ein ständiges Auf und Ab und wurde von vielen Krisen geschüttelt. Manchmal war es nur noch der Gedanke an die Kinder – daran, wie sehr sie mich brauchten –, der mich weiterleben ließ.

Da Ron unbedingt eine Beschäftigung brauchte, nahm er nach einiger Zeit Kontakt auf zu einer Pfadfindergruppe bei uns im Ort. Ich freute mich für ihn. Die Gruppe machte ihm großen Spaß, und da er schon immer ein Herz für Kinder hatte, brachte er bald einen großen Teil seiner Zeit damit zu, Gelder aufzutreiben, irgendwelche Wohltätigkeitsveranstaltungen zu organisieren oder die Fußballmannschaft der Gruppe auf Vordermann zu bringen. Der schönste Tag der Woche war für ihn der, an dem er als Trainer auf der Bank sitzen und zusehen konnte, wie seine Mannschaft unten auf dem Rasen Fußball spielte. Was mich betraf, so war ich froh, daß Ron mit einer solch harmlosen Beschäftigung seine Zeit verbrachte. Ich ahnte damals noch nicht, daß seine Begegnung mit den Pfadfindern Folgen haben sollte, die unser ganzes Leben verändern würden.

. . . von neuem geboren

Eines Samstags mittags kam ich von der Arbeit nach Hause und wurde von einem sehr gut gelaunten Ehemann begrüßt.

„Hallo Maureen, rate mal, was ich heute morgen erlebt habe?"

„Woher soll ich das wissen, Schatz?" gähnte ich. Zwei von Rons Freunden hatten uns letzte Nacht besucht, und wir waren erst am frühen Morgen ins Bett gekommen.

„Ich war unten bei den Pfadfindern, und weißt du, wen ich da kennengelernt habe? Trefor Jones – Pastor Trefor Jones!"

„Wen?" fragte ich. Es hörte sich fast so an, als hätte er etwas von einem Pastor erzählt, aber da mußte ich mich wohl verhört haben.

„Pastor Trefor Jones", sagte Ron. „Er hat hier im Ort eine kleine Baptistengemeinde. Wir hatten ein tolles Gespräch heute morgen, und er kommt gleich nach dem Essen vorbei, um uns zu besuchen."

Dieses Mal hatte ich wirklich den Eindruck, Ron sei verrückt geworden. In meinem ganzen Leben hatte ich noch keinen Kontakt zu irgendwelchen Pfarrern oder Geistlichen gehabt, denn das waren doch – so dachte ich – hochanständige, ja fast „heilige" Menschen. Wer mit dieser Art von Leuten zu tun hatte, war bestimmt selber anständig und hatte sich in seinem Leben nie etwas zuschulden kommen lassen. Ein Pastor bei uns zu Besuch? Die Leute, die uns besuchten, waren ganz andere Typen: Prostituierte, Drogenabhängige, Alkoholiker, Säufer und Bauarbeiter, die eine obszöne Sprache benutzten und jede Nacht mit einer anderen Frau im Bett lagen. – Dann fiel mir wieder ein, wie Ron mir vor einiger Zeit erzählt hatte, Gott habe zu ihm gesprochen und ihm gesagt, er solle ein Prediger werden. Es sah ganz so aus, als würde er sich schon wieder mit diesen merkwürdigen Gedanken herumschlagen. Wie dem auch sei, dachte ich – der Pastor wird sich wohl bald wieder aus dem Staube machen, wenn er herausgefunden hat, was für ein schlechter Mensch Ron ist und welchen Lebenswandel wir beide führen. Dann wird er bestimmt nichts mehr mit uns zu tun haben wollen.

Im Laufe des Nachmittags wurde Ron zusehends unruhiger und nervöser. Immer wieder schaute er auf seine Armbanduhr und ging im Wohnzimmer im Kreis herum. Er tat mir wirklich leid. Erst war er so begeistert von diesem Mann gewesen und hatte sich auf seinen Besuch gefreut, und nun sah es ganz so aus, als hätte der Pastor die Verabredung vergessen. Ich legte Ron den Arm um die Schultern und sagte. „Hör mal, Schatz, ruf ihn doch einfach an. Vielleicht hat er seine Gründe dafür, daß er so spät kommt."

Ich hatte noch nicht zu Ende geredet, als jemand an die Tür klopfte. Ron lief in den Flur, um sie zu öffnen. Ich hörte eine fremde Stimme sagen: „Es tut mir wirklich leid, daß ich so spät komme", und dann wieder Rons Stimme, der sagte: „Ist nicht schlimm. Kommen Sie doch herein!" Ich war gerade in der Küche beschäftigt, ging aber nach ein paar Minuten ins Wohnzimmer, wo Ron uns miteinander bekannt machte. Ich wunderte mich darüber, wie der Pastor aussah – eigentlich wie ein ganz normaler Mensch. Auch hatte er ganz normale Kleider an – und ich hatte immer geglaubt, Pastoren liefen ständig im Talar oder zumindest im schwarzen Anzug herum. Etwas nervös gab ich ihm die Hand und sagte: „Guten Tag." Ich wußte nicht, wie ich ihn anreden sollte. „Mr. Jones"? oder vielleicht lieber „Pastor Jones"? Schnell zog ich mich wieder in meine Küche zurück und machte den beiden eine Tasse Tee.

Trefor Jones und Ron sprachen stundenlang miteinander. Als die Kinder später zum Essen in die Küche gelaufen kamen, ermahnte ich sie: „Psst! Seid doch nicht so laut. Wir haben einen Pastor zu Besuch. Er sitzt im Wohnzimmer und redet mit Papa!"

„Was ist denn das – ein Pastor?"

„Warum redet er denn mit Papa?"

„Worüber reden die denn?"

„Ich weiß es nicht, Kinder", sagte ich. „Sie reden eben einfach miteinander – unterhalten sich ein wenig." Ich war genauso neugierig und verwundert wie meine Kinder.

Schließlich hörte ich Stimmen im Flur und ging wieder nach vorne.

„Trefor geht jetzt", sagte Ron.

Hatte ich richtig gehört: Trefor? Ron sprach ihn also schon mit Vornamen an. Der Pastor sah mir in die Augen und lächelte mich an: „Wiedersehen, Maureen. Vielleicht sehen wir uns ja morgen im Gottesdienst."

Auch ich versuchte zu lächeln und verabschiedete mich höflich. „Im Gottesdienst" hatte er gesagt? Ron und ich im Gottesdienst? Wohl kaum, dachte ich.

Den Rest des Abends verbrachte Ron in ruhiger Stimmung. Trefor hatte ihm ein paar Schriften mitgebracht, in denen er ein wenig herumblätterte. Dann sagte er: „Ich glaube, ich gehe heute abend früh ins Bett." Gute Idee, dachte ich, denn auch ich fühlte mich müde. Am liebsten wäre ich direkt eingeschlafen, aber Ron fand keine Ruhe. Er erzählte und erzählte, darüber, was Trefor ihm gesagt hatte, über Jesus, die Sünde und manches andere. Ich verstand nur „Bahnhof" und hielt das alles für ziemlichen Unsinn, aber wenigstens sprach er einmal nicht über Sex, und so war auch ich zufrieden. – Schließlich holte Ron ein Buch hervor und fing an zu lesen. Ich sah mir den Umschlag an, erstaunt, daß Ron auf einmal unter die Leseratten gegangen war. Ein pornographisches Buch war es offensichtlich nicht. „Hell's Angels" lautete der Titel, von einem gewissen Brian Greenaway.

„Was ist denn das für ein Buch?" fragte ich und war schon fast eingeschlafen.

„Trefor hat es mir gegeben. Scheint wirklich gut zu sein – über einen ehemaligen Rocker von den ‚Hell's Angels'."

Ron vertiefte sich in das Buch, und ich schlief ein. Während ich dort friedlich neben ihm lag und schlief, hatte mein Mann ein Erlebnis, das sein ganzes Leben verändern sollte. Er las, wie Brian Greenaway, ein Schlägertyp der übelsten Sorte, und in vieler Hinsicht vergleichbar mit Ron, im Gefängnis eine Begegnung mit Jesus Christus hatte. Was Ron dabei am meisten beeindruckte, war die Tatsache, daß Brian behauptete, Jesus habe ihm alles Böse, was er jemals getan hatte, vergeben. Ron hatte noch nie etwas davon gehört, daß Jesus gestorben war, damit auch der böseste Mensch Vergebung erlangen und Frieden mit Gott finden könnte. Er hatte geglaubt, er selbst sei ein viel zu schlechter Mensch, als daß ihm jemals vergeben werden könnte, und stecke viel zu tief in der Sünde, als daß er noch einmal hätte von vorne beginnen können. An diesem Abend jedoch erkannte er, daß es möglich war, ein neues Leben zu beginnen und mit der Vergangenheit vollkommen abzuschließen. Als er das Buch ausgelesen hatte, weinte er wie ein Kind, betete zu Gott und stellte sein ganzes Leben Jesus Christus zur Verfügung.

Der nächste Tag war ein Sonntag – gewöhnlich der Tag in der Woche, an dem ich versuchte, die Hausarbeit nachzuholen, zu der ich in der Woche nicht gekommen war. Nachdem ich aufgestanden war, machte ich mich sofort ans Werk. Dann jedoch kam Ron herunter und sagte gut gelaunt: „Hallo, Maureen, wir gehen heute alle zusammen in den Gottesdienst. Könntest du noch schnell die Kinder wecken?"

Stimmt, dachte ich. Trefor hatte beim Abschied etwas von Kirche und Gottesdienst gesagt, aber ich hatte nicht im Ernst daran geglaubt, daß wir tatsächlich gehen würden. Ich rief die Jungen, denen das alles genauso merkwürdig vorkam wie mir, die aber erstaunlicherweise sofort bereit waren mitzugehen. Ich war ganz nervös, als wir zur Kirche gingen. Ich wußte nicht, was mich dort erwartete. Hoffentlich würde ich alles richtig machen.

Woher sollte ich wissen, wann man stehen und wann man sitzen mußte? – Ob uns jemand ansprechen würde? Und was mochten unsere Freunde denken, wenn sie sahen, wo wir hingingen?

Die Kirche war ein altes und ziemlich verfallenes Gebäude. Trefor hatte sich zwar, wie ich später hörte, sehr viel Mühe mit den Renovierungsarbeiten gegeben, aber es gab immer noch viel zu tun. Die Bude machte auf mich eher den Eindruck eines alten Schuppens als einer Kirche. Es waren nur sehr wenige Besucher im Gottesdienst, aber alle waren sehr nett und freundlich und gaben einem das Gefühl, willkommen zu sein. Meine innere Anspannung ließ immer mehr nach. Dann erschien Trefor, und der Gottesdienst begann. Es war ein ganz normaler, einfacher Gottesdienst, und ich war erleichtert, daß nichts Besonderes von mir verlangt wurde. Es fiel deshalb gar nicht weiter auf, daß ich ein Neuling war und keine Ahnung hatte, was vor sich ging. Es wurde gesungen und gebetet, und Trefor hielt eine Predigt. Ich ließ es alles geschehen, hörte aber nicht richtig zu. Es war ziemlich langweilig, obwohl ich während des Gottesdienstes ein Gefühl des inneren Friedens verspürte.

Als der Gottesdienst zu Ende war, verabschiedete sich Trefor von uns mit Handschlag. „Bis halb sieben dann?“ fragte er. „Na klar, wir kommen!“ sagte Ron. – Zweimal am Tag in den Gottesdienst? dachte ich. Mir war immer noch schleierhaft, was mit Ron geschehen war. Dann jedoch fiel mir ein, daß abends zwei von Rons Freunden vorbeikommen wollten, und ich hoffte nur, daß uns der Gottesdienst eine Gelegenheit verschaffen würde, um diesen Besuch herumzukommen. Immer noch hatte ich furchtbare Angst vor Rons Freunden und ihren Besuchen. Wenn ich durch einen Gottesdienst die Möglichkeit hatte, dieser unangenehmen Situation zu entfliehen, war ich gerne bereit, auch in die Kirche zu gehen.

Den ganzen Tag über kannte Ron kein anderes Gesprächsthema als die Kirche und den Gottesdienst. Er erklärte mir auch – wie er es von Trefor gehört hatte –, daß diese kleine Dorfkapelle eine Tochtergemeinde der „Camberley Baptist Church“

war und daß es Trefors Aufgabe war, beim Wiederaufbau einer Gemeinde in Hartley Wintney zu helfen. Auch versuchte er, mir zu erklären, was mit ihm selbst geschehen war. „Ich bin jetzt ein neuer Mensch, Maureen! Von neuem geboren ... So hat es Jesus selbst gesagt. Alles, was ich jemals falsch gemacht habe, ist mir vergeben worden. Ich darf noch einmal ganz vorne anfangen."

Ich verstand nicht recht, was er sagte. Es klang doch alles sehr merkwürdig. Andererseits mußte ich zugeben, daß Ron sich verändert hatte. Den ganzen Tag hatte er nicht ein einziges Mal geflucht oder irgendeinen obszönen Ausdruck benutzt. Auch war er in seinem Verhalten mir und den Kindern gegenüber viel liebevoller als sonst. Einige Stunden später besuchten wir dann den Abendgottesdienst. Als er zu Ende war, gingen wir nicht direkt wieder nach Hause, sondern tranken noch, wie schon am Vormittag, mit den anderen Gottesdienstbesuchern eine Tasse Tee und unterhielten uns. Ich war erstaunt, wie freundlich diese Menschen waren, wenn mir auch der Gottesdienst selbst nichts bedeutet hatte.

Es war nicht einfach, die Jungen abends ins Bett zu bringen, so aufgeregt waren sie. Das erste Mal in ihrem Leben hatten sie einen Gottesdienst besucht, und dieses Erlebnis hatte sie sehr beeindruckt. Als ich gerade oben war, klopfte es, und ich sah, wie Ron zur Tür ging, um zu öffnen. Es waren zwei seiner Freunde. Sie hatten Bier und Schnaps dabei, und Ron bat sie herein. Ich verspürte einen Stich im Herzen, als Ron mich rief: „Maureen, Tim und Chris sind da!"

Unwillig ging ich die Treppe hinunter. Alle drei saßen schon im Wohnzimmer. Als ich dazukam, wandte sich Ron an seine Freunde und sagte: „Ich muß euch etwas Wichtiges sagen!" Erwartungsvoll sahen sie Ron an. Auch ich war gespannt, denn ich wußte genausowenig wie sie, was jetzt kam.

„Es wird keine Partys mehr geben in diesem Haus", sagte er fest. „Ich habe mich bekehrt und bin jetzt ein Christ."

„Du hast dich was?!"

„Wie meinst du denn das?“

Tim und Chris waren beide ganz verwirrt.

„Ich habe mein Herz dem Herrn Jesus Christus gegeben!“ sagte Ron „Ich habe Schluß gemacht mit meinem alten Leben, und ich werde noch einmal ganz von vorne anfangen.“ Dann erklärte er ihnen, daß seine Sünden vergeben worden seien, daß er ein neuer Mensch sei, und so fort. Ich hörte schon gar nicht mehr richtig zu. Ich dachte nur über einen einzigen seiner Sätze nach: „Keine Partys mehr!“ Hatte Ron das wirklich gesagt? Ich konnte es kaum glauben.

Dann drehte sich Tim zu mir und fragte: „Und du, Maureen ... Was hältst du von dieser ganzen Sache?“ Zunächst konnte ich gar nichts sagen, denn ich war noch wie betäubt. Doch dann erwiderte ich: „Ich will genau das, was Ron auch will!“

Chris und Tim sahen sich an und erhoben sich dann langsam von ihren Sesseln.

„Tja, Ron ... in gewisser Weise bewundere ich deine Einstellung sogar. Aber versuch bitte nicht, mich da hineinzuziehen. Ich bin ganz zufrieden mit meinem Leben, so wie es ist. Es macht mir Spaß. Komm jetzt, Tim, wir gehen wohl besser.“

Dann gingen sie tatsächlich, die Flaschen noch immer fest umklammert. Ich sah Ron in die Augen und warf mich in seine Arme. „Ron, ich bin so stolz auf dich. Meinst du das wirklich ernst? Keine Partys mehr?“

„Ganz genau! Keine Partys mehr.“

„Und Ron ... Heißt das auch, daß ich ab jetzt nicht mehr mit einem anderen Mann schlafen muß?“

Er nickte.

„Und ... auch keine anderen Frauen mehr dazwischen?“ fragte ich vorsichtig.

Er drückte mich an sich.

„So ist es, mein Schatz. Ab jetzt gibt es nur noch dich und mich.“

Tränen der Freude strömten mir über das Gesicht. Ich konnte

es noch immer nicht richtig fassen, was Ron gesagt hatte. – Als wir dann in der folgenden Nacht eng umschlungen in unserem Bett lagen, sagte Ron: „Maureen, es tut mir ja so leid, wie ich dich in all den Jahren behandelt habe. Ich ... ich kann nur sagen: es wird alles anders werden. Wir beide werden ein neues Leben mit Jesus beginnen."

Ich war unendlich glücklich. Nie im Leben hätte ich damit gerechnet, daß mein Mann sich jemals bei mir entschuldigen würde. Und nun hatte er gesagt, es gäbe von jetzt an nur noch ihn und mich. Danach hatte ich mich jahrelang gesehnt, hatte aber die Hoffnung aufgegeben, daß es jemals geschehen würde. Als ich mir jemanden gewünscht hatte, der imstande war, mich und nur mich alleine zu lieben, hatte ich nicht zu hoffen gewagt, daß Ron selbst einmal dieser Mensch werden könnte. Jetzt jedoch entwickelte er sich zu dem zärtlichen und liebevollen Ehemann, von dem ich solange geträumt hatte.

Wie Ron es versprochen hatte, geschah es: Unser ganzes Leben veränderte sich. Trefor kam nun sehr häufig zu Besuch, brachte Bücher für Ron mit und las mit ihm gemeinsam die Bibel. Unser ganzes Leben drehte sich von nun an nur noch um die Gemeinde und ihre Veranstaltungen. Ron hatte sich wirklich verändert. Er war wie ausgewechselt. Und doch gab es eine Frage, die an mir nagte und mir keine Ruhe ließ: Wird das Neue Bestand haben oder ist das Ganze nur ein Strohfeuer? – Ich glaube, was mich letztlich wirklich davon überzeugte, daß sich Rons ganze Einstellung zum Leben geändert hatte, war die Tatsache, daß er sich eines Tages entschloß, sich von seinem gesamten pornographischen Material zu trennen. Das Zeug hatte bestimmt einen Wert von mehreren hundert Pfund. Verkaufen wollte er es natürlich nicht, und verschenken kam genausowenig in Frage. Noch nicht einmal wegwerfen war eine Lösung, denn dann bestand die Gefahr, daß jemand die Sachen finden und dadurch negativ beeinflußt werden könnte. Ron entschied sich deshalb, die Kisten mit den Pornoheften zu Trefor zu bringen und den ganzen Mist mit ihm zusammen auf dem Hinterhof der kleinen Kapelle zu verbrennen. Als er wieder nach Hause kam, hatte er das Gesicht voller schwarzer Flecken, aber seine Augen strahlten Frieden aus. Als er mir erzählte, daß jetzt alles verbrannt sei, umarmte ich ihn: „Ich verstehe zwar immer noch nicht ganz, was mit dir passiert ist, aber eins weiß ich: Du bist jetzt genau der Mann, den ich mir immer gewünscht habe."

Das Weihnachtsfest 1982 verlief völlig anders als die Weihnachtsfeste in den Jahren zuvor. Früher war Weihnachten stets eine Entschuldigung für übermäßiges Essen und Trinken gewesen. Jetzt jedoch ging Ron schon vor dem Fest häufig in Trefors Gemeinde, um dort im Chor mitzusingen. Es war nämlich ein besonderer Festgottesdienst geplant, in dem die schönsten Weihnachtslieder gesungen werden sollten und zu dem die gesamte Pfadfindergruppe – einschließlich der Eltern – eingeladen war.

Mir fiel auch auf, daß die Leute im Dorf auf einmal freundlicher waren. Jeder schien bemerkt zu haben, daß sich Ron verändert hatte. Selbst sein Gesichtsausdruck war ein anderer geworden. Seine Züge waren nun viel freundlicher und milder als früher, und der feindliche, abwehrende Blick seiner Augen war verschwunden. Ich fühlte mich so glücklich wie nie zuvor. Trotzdem fand ich die Gottesdienste eigentlich immer noch langweilig, und noch hatte ich nicht verstanden, was es mit der christlichen Botschaft eigentlich auf sich hatte. Auch setzte mich Ron überhaupt nicht unter Druck und versuchte nicht, mich zu einer Bekehrung zu zwingen, und ich kam meinerseits auch nicht auf den Gedanken, daß so etwas für mich in Frage käme. Der christliche Glauben war in meinen Augen etwas, für das sich vor allem Ron interessierte. Ich war unendlich dankbar für die Veränderungen in unserem Leben, war jedoch immer noch der Ansicht, daß Ron die Ursache dieser Veränderungen war und daß die Religion deshalb seine, und nicht meine Angelegenheit war.

Am Neujahrstag jedoch kam Trefor zum Tee und brachte einen Videofilm mit dem Titel „Die zehn Gebote" mit. Nachdem wir ihn uns zusammen angesehen hatten, sah Trefor mich an und fragte mich:

„Sag mal, Maureen, wie denkst du eigentlich über die Veränderungen in Rons Leben?"

Ich dachte einen Moment lang nach und sagte dann:

„Also, ehrlich gesagt, Trefor, ich kann es immer noch nicht fassen. Er hat sich wirklich völlig verändert. Der Haß und die Bitterkeit sind verschwunden, und er flucht überhaupt nicht mehr. Er ist . . . einfach wunderbar."

„Maureen", sagte Trefor dann. „Auch du kannst ein neuer Mensch werden. Möchtest du das? Würdest auch du gerne dein Herz Gott, dem Herrn, geben und ihn bitten, in dein Leben zu treten?"

Ich mußte erst einmal schlucken. In Wirklichkeit war mir das alles ziemlich egal. Zugegeben: Es schien wirklich ein Wunder zu sein, wie sehr sich Ron verändert hatte. Aber andererseits hatte er schon immer ein heimliches Interesse für religiöse Fragen gehabt, während ich mich um so etwas nie gekümmert hatte. Zwar gehörte ich jetzt aktiv zu einer Kirchengemeinde, aber ich war deshalb kein bißchen mehr am christlichen Glauben interessiert als vorher. – Aber wie hätte ich Trefor etwas abschlagen können? Ich war in meinem Leben noch nie eine gute Neinsagerin gewesen, und hätte es als furchtbar unangenehm empfunden, Trefors Gefühle zu verletzen, da er sich doch so rührend um uns beide gekümmert hatte.

„Ja, Trefor", sagte ich schließlich. „Auch ich würde gerne Jesus in mein Leben einladen."

Als Trefor mit mir betete, sah ich zu Ron hinüber. Er hatte Tränen in den Augen. Jetzt merkte ich, wie sehr auch er auf diesen Moment gewartet hatte.

Trefor und Ron waren außer sich vor Freude. Auch im Himmel herrsche nun Freude, erklärten sie mir – Freude darüber, daß mir vergeben war und ich nun ewiges Leben hatte. Die alte Maureen Sims gebe es nicht mehr. Ich sei jetzt von neuem geboren, ein neuer Mensch durch Jesus Christus. Ich freute mich, daß die beiden sich so freuten, würde aber lügen, wenn ich behauptete, daß ich irgendein besonderes Gefühl empfunden oder überhaupt verstanden hätte, welche Entscheidung ich getroffen hatte. Erst in den Wochen nach meiner Bekehrung begann ich zum ersten Mal in meinem Leben, ernsthaft in der Bibel zu lesen, studierte die Evangelien und verstand dadurch immer besser, wer der Herr und Heiland war, dem ich mein Leben anvertraut hatte. Bisher hatte ich nie versucht zu beten, hatte höchstens einmal ein Vaterunser heruntergesagt. Nun aber wandte ich mich an Gott mit meinen persönlichen Belangen und Wünschen und bat ihn in gleicher Weise auch für meine Familie und meine neuen Brüder und Schwestern im Glauben. Insbesondere bat ich Gott, er möge mich mutiger machen, mit anderen Menschen zu sprechen. Mein Vertrauen zu Gott wuchs, als ich merkte, daß er mich tatsächlich veränderte und eine stärkere Persönlichkeit aus mir machte. Ich war Gott so dankbar für das, was er in unserem Leben bewirkt hatte, denn es sah ja zeitweise wirklich so aus, als würde ich selbst mich irgendwann einmal umbringen und mein Mann früher oder später an seinen Herzanfällen zugrunde gehen. Es war die Gnade Gottes, die uns aus der Hölle herausholte und uns vor dem Tod bewahrte. Sein Heiliger Geist wirkte auch weiter an uns, so daß wir ständig Fortschritte machten und nicht bei einer einmaligen Bekehrung stehenblieben. Nachdem ich miterlebt hatte, welche Veränderungen in Ron vor sich gegangen waren, wurde auch aus mir allmählich ein anderer Mensch – eine selbstbewußte Frau, die keine Hemmungen mehr hatte, mit anderen Menschen zu sprechen, denn von nun an war es Gott, der mir die richtigen Worte gab. Aus dem ängstlichen und verschüchterten Mädchen, das kaum den Mund aufbekam, war jemand geworden, der mit der Kraft und Hilfe des Heiligen Geistes bereit war, seinen Mitmenschen zu helfen.

Ron nahm ja bereits aktiv am Leben unserer kleinen Kirchengemeinde teil, aber auch für mich sollte es bald etwas zu tun geben. Ich fing damit an, Kranke und Notleidende zu besuchen, und hatte keine Schwierigkeiten damit, mich mit ihnen zu unterhalten und ihnen Mut zu machen. Dann versuchte ich, im Frauenkreis zu helfen, wo ich zunächst Tee kochte, später aber auch verantwortungsvollere Aufgaben übernahm. Es war nur ein sehr kleiner Frauenkreis mit vorwiegend älteren Mitgliedern, und junge Leute, die bereit waren, sich einzusetzen und etwas für die Gemeinde zu tun, waren natürlich hochwillkommen.

Nicht nur in der Kirche, sondern auch in unserem Ort hatten die Menschen bemerkt, daß Ron und ich uns verändert hatten. Wenn ich früher über die Straße ging, hielt ich meinen Kopf stets gesenkt, weil ich immer Angst hatte, gesehen zu werden. Es war ja hinlänglich bekannt, was wir trieben und womit wir unsere Freizeit verbrachten. Jetzt aber machte mir Jesus deutlich, daß ich mich nicht länger wie eine traurige Frau benehmen sollte, die unter der Last ihrer Sünden litt. Ich war jetzt Gottes Kind und hatte sein Versprechen, daß er mit mir gehen und mich beschützen würde. Kein Wunder, daß meine Haltung jetzt anders war, wenn ich über die Straße ging. Ich hatte nun keine Angst mehr davor, meinen Kopf zu erheben, und freute mich darauf, die Nachbarn, die mir begegneten, mit einem freundlichen Lächeln zu grüßen.

Inzwischen gab es wohl niemanden mehr bei uns im Dorf, der nicht gemerkt hätte, daß Ron Sims sich bekehrt hatte. Schon bald fingen er und Trefor an, sich evangelistisch zu betätigen. Sie gingen von Tür zu Tür, um den Menschen die christliche Botschaft zu erklären und ihnen zu zeigen, wie auch sie zum Glauben finden könnten. Auch unser neugefundenes Eheglück blieb niemandem verborgen. Wir unternahmen nun fast alles gemeinsam, entweder als Paar oder als Familie. Während früher meist nur einer von uns schnell über die Straße huschte, um irgendwelche Kisten mit Pornoheften nach Hause zu tragen, traten wir jetzt zusammen auf, hatten keine Pornos mehr dabei, sondern trugen mutig unsere Bibeln unter dem Arm.

Der größte Segen jedoch lag für mich in meiner Beziehung zu

Ron. Alle Bitterkeit war inzwischen aus seinem Leben verschwunden, und er liebte mich und vertraute mir mehr als je zuvor. Immer wieder versicherte er mir, wie verliebt er in mich sei, und seine Augen strahlten in einem ganz neuen Glanz, wenn er mich ansah. Wir benahmen uns wieder wie zwei Verliebte, gingen Hand in Hand durch die Stadt und genossen das prickelnde Gefühl einer jungen Freundschaft. Es war so, als hätte unsere Ehe noch einmal ganz von vorne begonnen. Ich empfand es wie ein Wunder, daß sich der ganze Alptraum der Anfangsjahre unserer Ehe wie in Luft aufgelöst hatte und wir uns jetzt einander neu hingeben konnten. Aber nicht nur unsere Liebe zueinander wuchs täglich, sondern auch unser Glaube an den Herrn, dem wir dieses Wunder zu verdanken hatten.

Eines Tages, als Ron und Trefor gerade von einem weiteren Besuchsdienst zurückgekommen waren, kam David, unser jüngster Sohn, ins Zimmer, lief zu seinem Vater und sagte: „Papa, ich würde auch gerne mein Herz dem Herrn Jesus geben, so wie du und Mama – und Michael will das auch." Trefor betete mit den Kindern, und Ron und ich waren überglücklich, daß auch sie diese Entscheidung getroffen hatten. Es war für uns schön mitzuerleben, wie sie nun täglich ihre Bibeln lasen, beteten und ihrerseits im Glauben Fortschritte machten. Sie mußten deshalb in ihrer Schulklasse manche Hänselei einstekken, widerstanden jedoch der Versuchung, sich dafür zu revanchieren. Ron und ich waren zuversichtlich, daß auch Graham, der inzwischen fünfzehn war und als einziges Familienmitglied Jesus noch nicht als Herrn angenommen hatte, es seinen Brüdern schon bald gleichtun würde.

Ron hatte bereits in verschiedenen Gemeinden Vorträge gehalten und die Geschichte seiner Bekehrung erzählt – sein „Zeugnis gegeben", wie wir es nannten. Ich war erstaunt, daß schon kurze Zeit später Chris Russel, der Leiter der „Camberley Baptist Church" – unserer Muttergemeinde –, nicht nur Ron, sondern auch mich einlud, dort am nächsten Sonntag, dem Muttertag, ein Zeugnis zu geben.

Ich hatte große Angst davor, vor so vielen Menschen zu sprechen, aber ich war davon überzeugt, daß es Gottes Wille war, und betete deshalb darum, daß er selbst mir den entsprechenden Mut geben möge. Sogar Ron war an diesem Sonntag nervös, und ich zitterte regelrecht. Mr. Russel und einige der Diakone gingen mit uns zusammen in einen Nebenraum, wo wir vor dem Gottesdienst gemeinsam beteten. Als wir dann in den Gemeindesaal gingen, kam Molly, eine Schwester im Glauben, auf mich zu und machte mir Mut: „Jesus hat dich sehr lieb, Maureen, und der Heilige Geist wird durch dich sprechen. Ich setze mich ganz vorne in die erste Reihe und bete die ganze Zeit für dich!"

Als ich dann vor die Gemeinde trat, merkte ich, wie meine innere Anspannung unerträglich zu werden drohte. Ich hatte schon Angst, es nicht zu schaffen, kämpfte jedoch gegen die Nervosität an, denn ich wußte ja, daß Gott bei mir war. Auch hatte ich nun Molly entdeckt, die in der ersten Reihe saß und mir freundlich zulächelte. Ich hatte mein Zeugnis aufgeschrieben, damit ich, sollten mir die Worte ausgehen, auf etwas zurückgreifen konnte. Als ich dann erst einmal begonnen hatte, merkte ich, wie meine Nervosität allmählich nachließ und ich nach einiger Zeit in der Lage war, ganz natürlich zu sprechen. Ich erzählte, was für ein Leben ich gelebt hatte und wie Jesus Christus mich aus meinem Elend und meiner Verzweiflung herausgeholt hatte, wie er mir ein neues Leben und sogar einen neuen Ehemann geschenkt hatte. Als ich meinen Bericht beendet hatte, standen mir die Tränen in den Augen, und ich flüsterte, als ich mich wieder auf meinen Platz setzte: „Danke, Herr Jesus, das hätte ich nicht geschafft ohne dich!" Dann stand Ron auf und gab sein Zeugnis, das noch viel ausführlicher war als meins. Nach dem Gottesdienst kamen alle auf uns zu und schüttelten uns die Hände. Jeder hatte ein freundliches Wort für uns. Ich war so glücklich, daß Ron und ich nun als Ehepaar eine gemeinsame Aufgabe gefunden hatten. Unsere Ehe hatte sich so positiv entwickelt, und unser neues gemeinsames Leben war so wunderbar, daß mir noch manches Mal alles wie ein Traum vorkam.

Nach einiger Zeit meinte Trefor, als er wieder einmal bei uns zu Besuch war: „Nun wird es aber Zeit, daß ihr beiden euch auch taufen laßt!“ Ron und ich waren sofort Feuer und Flamme. Es war uns klar, daß wir diesen Tag gemeinsam begehen würden. Trefor kam dann in den folgenden Wochen regelmäßig vorbei und erklärte uns, daß die Taufe eine Sache des Gehorsams Gott gegenüber sei, und daß auch Jesus selbst getauft worden sei. Ich konnte es kaum noch erwarten, mit diesem Schritt öffentlich zu bekunden, daß ich Jesus für den Rest meines Lebens nachfolgen wollte. Als wir Trefor fragten, warum wir denn bei unserer Taufe vollkommen untertauchen müßten, erklärte er uns, daß dies ein Symbol für das Ende des alten Lebens und die Wiedergeburt zu einem neuen Leben sei. Zwar wußten wir beide, daß unser altes Leben bereits abgeschlossen war, aber der Gedanke, daß das Untertauchen noch einmal allen zeigen sollte, daß es die alte Maureen und den alten Ron nicht mehr gibt, gefiel uns sehr gut.

Ich konnte es kaum noch erwarten, bis der Tag unserer Taufe gekommen war. Ich lud meine Mutter zum Gottesdienst ein und meinen Chef aus dem Antiquitätengeschäft mit seiner Sekretärin. Ich hatte kaum zu hoffen gewagt, daß Mr. Lazarus die Einladung annehmen würde, denn er war schließlich ein Jude, und ich war mir deshalb gar nicht sicher, ob er überhaupt einen christlichen Gottesdienst besuchen wollte. Um so mehr freute ich mich, als er dann doch zusagte.

Unsere Taufe sollte am Palmsonntag im Abendgottesdienst stattfinden. Nach dem Vormittagsgottesdienst kam meine Mutter zu uns, und wir aßen gemeinsam zu Mittag. Als wir das Tischgebet sprachen, merkte ich, daß sie mitbetete, und als sie dann sogar noch erlebte, wie unsere Jungen beteten, hatte sie Tränen der Freude in den Augen. Jahrelang hatte sie hilflos zusehen müssen, wie mein Leben in den Abgrund trieb, und wie oft mußte sie Ängste ausgestanden haben, daß ihre Enkel einmal so werden könnten wie ihr Vater. Nun erlebte sie uns als eine einige, glückliche Familie. Sie sah unsere gegenseitige Liebe füreinander und freute sich sehr darüber, wenn sie auch vielleicht nicht verstand, wie dieses Wunder zustande gekommen war.

Um sechs Uhr gingen wir alle gemeinsam in den Gottesdienst. Ron und ich mußten zunächst in einen Nebenraum gehen, um uns für die Taufe umzuziehen. Ron zog ein weißes Hemd und eine weiße Hose an, und auch ich hatte zu diesem Anlaß ein schneeweißes Kleid bekommen. Als wir wieder nach vorne gingen, sah ich, daß der Gemeindesaal bis auf den letzten Platz besetzt war. Ganz hinten in der letzten Reihe saß mein Chef und lächelte mir freundlich zu. Ich ging nach vorne und gab ein kurzes Zeugnis, das sehr emotional ausfiel und mit den Worten schloß: „Ich liebe den Herrn Jesus von ganzem Herzen!" Dabei strömten mir die Tränen über das Gesicht. Auch Ron gab sein Zeugnis und hielt dann noch eine kurze evangelistische Ansprache. Als ich schließlich die Stufen zum Taufbekken hinunterstieg, fühlte ich mich, als würde der Herr Jesus selber mich tragen. Nachdem Trefor mich getauft hatte, ging ich die Stufen wieder hoch und verspürte ein überwältigendes Gefühl der inneren Reinheit und des neuen Lebens. Der ganze Dreck meines alten Lebens war abgewaschen, und ich war ein neuer Mensch geworden durch Jesus Christus.

Dieser Palmsonntag war der glücklichste Tag meines ganzen bisherigen Lebens. Viele Besucher wurden innerlich sehr bewegt durch unser Zeugnis und durch Rons Ansprache, und noch am selben Abend übergaben zwei der anwesenden Frauen ihr Leben Jesus Christus.

Am meisten jedoch freute ich mich, als Mr. Lazarus nach dem Gottesdienst auf mich zukam, mir einen Kuß auf die Wange drückte und sagte: „Gott segne Sie und Ihren Mann. Möge er Ihnen noch viel Glück in Ihrem Leben schenken!"

Krebs

Tag für Tag lernte ich, mich ganz auf Gott zu verlassen. Für mich war es wahrscheinlich einfacher als für jemanden, der im Leben Erfolg hat, zu erkennen, wie hilflos wir Menschen ohne Gott sind. Ich wußte, wie sehr ich mein Leben ruiniert hatte, bevor ich es Ihm gegeben hatte. Jetzt erlebte ich täglich, was es bedeutet, daß dem Herrn nichts unmöglich ist, denn er segnete mich mit Gaben, die wirklich nur ein Geschenk von ihm sein konnten. Er gab mir die geistigen Fähigkeiten, sein Wort zu lesen und zu verstehen, die rechten Worte in meinen Gesprächen mit anderen, Feinfühligkeit in der praktischen Hilfe und immer wieder neue Kraft, die Aufgaben anzupacken, die er für mich bereithielt.

Zunächst hatte ich im Frauenkreis Tee gekocht, später übernahm ich dann die Andacht und schließlich sogar die Leitung dieses Kreises. Auch beteiligte ich mich an evangelistischen Einsätzen, wo wir gemeinsam von Tür zu Tür gingen, um mit den Menschen über Gott zu sprechen. Am meisten jedoch setzte ich mich für die „Jungschar" ein, unsere kirchliche Kindergruppe. Als ich dort anfing, war es nur ein ganz kleiner Kreis. Bald jedoch wuchs die Gruppe auf vierzig Kinder an. Die Jungschararbeit war äußerst anstrengend, aber ich wußte, daß sich der Einsatz lohnte. Einige der Kinder waren richtige kleine „Chaoten", die kaum zu bändigen waren, aber ich hatte Verständnis für sie, denn ich wußte, daß viele aus zerrütteten oder sogar gewalttätigen Familien kamen. Mein Herz brannte für diese Menschen, denn ich hatte nicht vergessen, wovon der Herr meine eigenen Kinder errettet hatte. Schon bald kamen die

Jungscharkinder zu mir, wenn sie Probleme hatten. Sie vertrauten mir ihre Sorgen an, und meistens konnte ich ihnen auch weiterhelfen.

Zu unserer großen Freude äußerten bald auch unsere beiden Kinder Michael und David - zwölf und zehn Jahre alt - den Wunsch, getauft zu werden. Viele Menschen wurden gesegnet, als die beiden anläßlich ihres Taufgottesdienstes ihr einfaches und doch eindrucksvolles Zeugnis gaben. Einige Monate später kamen zwei amerikanische Prediger in unsere Gemeinde und hielten dort einen besonderen evangelistischen Gottesdienst ab. Unser Sohn Graham war einer derjenigen, die dem Aufruf am Ende der Veranstaltung folgten, sich zu bekehren und ihr Leben Gott hinzugeben. Wir waren so froh, daß nun unsere gesamte Familie zu Jesus gehörte.

Nach einiger Zeit war ich so stark in der Gemeindearbeit engagiert, daß ich allmählich anfing, meine Familie zu vernachlässigen. Ron war ebenfalls ständig unterwegs und erzählte seine Geschichte in den verschiedenen Gemeinden, Jugendgruppen oder Schulgottesdiensten. Wenn er dann einmal zu Hause war, war ich wiederum nicht da, so daß wir uns am Ende kaum noch sahen.

Ich hatte immer geglaubt, meine Arbeit für Gott müsse in irgendeiner Art von kirchlicher Mitarbeit oder praktischer Nächstenliebe bestehen, und hatte überhaupt nicht den Bezug zu meiner Rolle als Hausfrau und Mutter gesehen. Nach einiger Zeit jedoch sprach Gott sehr deutlich zu mir und sagte: „Ich habe dir einen Ehemann und deine Kinder gegeben, und es ist deine Aufgabe, sich um sie zu kümmern." Ich mußte erkennen, daß ich meine Prioritäten falsch gesetzt hatte, und bemühte mich fortan, mich zunächst um die Bedürfnisse meiner Familie zu kümmern und mich erst dann der Arbeit zu widmen, die Gott außerhalb des Hauses für mich bereithielt.

Im Herbst 1984 erhielt ich ein Schreiben meines Frauenarztes, in dem er mich bat, ihn so bald wie möglich aufzusuchen. Ich rief daraufhin in der Praxis an und erfuhr, daß ich noch am selben Abend kommen sollte. Ich konnte mir nicht vorstellen, was es derart Dringendes geben könnte, und machte mir deshalb auch keine großen Sorgen.

Nachdem man mich ins Sprechzimmer gebeten hatte, bot mir der Arzt einen Platz an und sagte dann mit nachdenklicher Stimme: „Es tut mir außerordentlich leid, Mrs. Sims, aber ich habe eine schlechte Nachricht für Sie. Sie erinnern sich sicher, daß wir vor einiger Zeit einen Abstrich gemacht haben?“ Ich nickte. „Inzwischen liegen die Ergebnisse vor und ... der Befund läßt keinen Zweifel daran, daß Sie Gebärmutterkrebs haben. Über das Stadium können wir noch keine Aussage machen, aber Sie sollten die Angelegenheit unbedingt in Basingstoke im Krankenhaus abklären lassen.“

Das Merkwürdige war, daß ich mich, als ich die Praxis verließ, nicht anders fühlte, als wenn er mir gesagt hätte, daß ich eine leichte Bronchitis hätte. Ich weiß auch nicht, wie es kam, aber Jesus hatte mir alle Angst weggenommen, und sogar das Wort „Krebs“ hatte für mich seinen Schrecken verloren. Als ich es den Kindern erzählte, waren sie wie am Boden zerstört, aber ich beruhigte sie und sagte:

„Jetzt macht euch doch keine Sorgen! Wir nehmen jeden Tag, so wie er kommt.“ Abends ging ich, wie sonst auch, in die Gemeinde zu meiner Jungscharstunde. Dort wußten alle schon Bescheid, wahrscheinlich durch unsere Jungen. Den ganzen Abend lang kamen immer wieder Kinder auf mich zu und baten mich: „Bitte, Mrs. Sims, gehen Sie nicht fort. Wir mögen Sie doch so gern!“ Das berührte mich sehr, und ich versuchte, auch diesen Kindern Mut zu machen, indem ich ihnen sagte: „Jesus paßt schon auf mich auf!“

Später kam Ron von der Arbeit nach Hause und wunderte sich darüber, wie ruhig und gelassen ich war. „Hör mal“, sagte ich ihm, „ich komme mir wie eine richtige Simulantin vor. Mir fehlt doch überhaupt nichts!“ Und wirklich: Zu keinem Zeitpunkt hatte ich mir eingestanden, daß ich „Krebs“ hatte, denn ich war davon überzeugt, daß der Teufel, wenn ich diesen

Schritt erst einmal getan hatte, sofort mit seiner zerstörerischen Arbeit beginnen und mir Angst einjagen würde.

Ich war mir sicher, was immer mir auch fehlte: Gott war in der Lage, mich gesund zu machen, und deshalb hatte ich auch keine Angst. Ich ging weiterhin meiner Arbeit nach, tat, was ich immer getan hatte, und fühlte keinerlei Schmerz. – In der darauffolgenden Woche brachte mich Ron nach Basingstoke ins Krankenhaus, wo ich noch genauer untersucht werden sollte. Der zuständige Facharzt dort konnte mir aber auch nicht mehr sagen, als ich ohnehin schon wußte. Er veranlaßte jedoch weitere Einzeluntersuchungen, die in der folgenden Woche durchgeführt werden sollten. Nachdem ich alles hinter mir hatte, bat er mich erneut zu sich. Er erklärte mir, daß ich tatsächlich Krebs hatte und daß es sich um einen bösartigen Tumor im dritten Stadium handelte. Im übrigen Körper seien bereits Metastasen aufgetreten, so daß man sich entschlossen habe, eine „Konisation" durchzuführen, d. h. eine operative Entfernung eines Teils des Gewebes; mehr könne man im Moment nicht tun.

Die Nachricht hätte kaum schlimmer ausfallen können – und dennoch: Ich fühlte mich vollkommen ruhig und guter Dinge. Zu diesem Zeitpunkt hatte ich noch keine Predigten zum Thema „Heilung" gehört, aber in meinem Innern hegte ich überhaupt keinen Zweifel daran, daß Gott in seiner Allmacht auch die Krankheit heilen kann. Ich brauchte ja nur meine Bibel zu lesen, um zu sehen, wie er immer und immer wieder auf wunderbare Weise die Kranken und Notleidenden geheilt hatte, und warum sollte er dasselbe nicht auch für mich tun?

Anfang November kam ich dann nach Basingstoke ins Krankenhaus, um operiert zu werden. Zunächst saß ich auf der Station eine Zeitlang auf meinem Bett und wartete auf den Arzt. Anschließend kam eine Krankenschwester, um mir Blut abzunehmen. Ich war nicht die einzige Patientin, die auf eine Operation wartete. Als ich mir die Gesichter der anderen Frauen ansah, die auf ihren Betten saßen, fiel mir auf, wie unglücklich und ängstlich sie alle aussahen. In dieser Situation sprach der Herr zu mir: „Ich bin bei dir und werde es immer sein. Schau doch auf mich!“ Und ich dankte ihm dafür, daß er mein Herr und Heiland war, denn ohne ihn – das wußte ich genau – hätte ich genausoviel Angst wie die anderen Frauen. Als die Ärzte wieder gegangen waren, setzten wir uns ein wenig zusammen, um uns zu unterhalten. Die anderen Frauen wollten wissen, warum ich denn so fröhlich sei, ob ich nicht auch am nächsten Tag eine Operation vor mir hätte. Ich spürte, wie der Herr zu mir sagte: „Nun erzähle ihnen etwas über mich!“ Und ich antwortete deshalb: „Doch, doch, ich werde morgen auch operiert. Aber ich habe keine Angst, denn es gibt jemanden, der mich begleitet – ein sehr guter Freund. Er heißt Jesus. Er liebt mich und sorgt für mich.“

Später kam Ron, um mich zu besuchen. Wir saßen eine Zeitlang zusammen und hielten einander die Hände. „Es wird schon werden, mein Schatz“, sagte er. „Ja, das glaube ich auch“, antwortete ich. „Jesus wird mich bestimmt wieder gesund machen.“ Kurz bevor er wieder gehen mußte, betete Ron noch für mich, gab mir einen Kuß und versicherte mir: „Maureen, ich liebe dich!“ Als er wieder durch die Türe verschwand und ich ihm nachwinkte, dachte ich darüber nach, wie wunderbar unsere Liebe zueinander gewachsen und aufgeblüht war. Ein Gott, der eine solche Veränderung in unserer Beziehung hatte bewirken können – so dachte ich –, war ganz bestimmt auch in der Lage, mit meiner Krankheit fertig zu werden.

Anschließend gab mir die Nachtschwester eine Schlaftablette, weil man sichergehen wollte, daß ich die Nacht vor der Operation auch schlafend verbrachte. Vorher las ich noch ein wenig in meiner Bibel und dachte an all die Menschen, die an diesem Abend für mich beteten. Gerade am Tag zuvor hatten Ron und ich einen charismatischen Gottesdienst in einer anglikanischen Gemeinde besucht, wo die Menschen sehr nett zu uns waren und auch sogleich für mich gebetet hatten. Als ich nun an sie dachte, verspürte ich einen tiefen inneren Frieden und schlief ein.

Als ich am nächsten Morgen wieder aufwachte, hörte ich die nicht gerade freundliche Stimme einer Krankenschwester, die sagte: „So, Mrs. Sims; das Frühstück muß leider ausfallen. Sie sind die erste heute morgen!“ Ich wußte, daß sie von der Operation sprach, aber ich fühlte mich guter Dinge. Selbst als man mir das weiße Operationshemd anzog und mir eine Beruhigungsspritze verabreichte, fühlte ich mich noch innerlich fröhlich und gelassen. „Jetzt bleiben Sie bitte ganz ruhig liegen, Mrs. Sims. In ein paar Minuten wird man sie abholen und in den OP schieben“, hörte ich die Schwester sagen. Aber die Stimme Gottes war lauter als alle anderen Stimmen. Sie versicherte mir: „Ich bin bei dir!“ Dann kamen zwei Krankenpfleger, legten mich auf eine fahrbare Liege und schoben mich den Gang hinunter. Ich lachte öfters und machte ein paar Witze, so daß einer von ihnen schließlich ganz verwundert fragte: „Was ist mit Ihnen los, Mrs. Sims? Sie haben eine Operation vor sich und sind überhaupt nicht nervös. Wieso sind Sie so gut gelaunt?“

„Weil Jesus bei mir ist“, sagte ich. „Ich bin Christin!“

Vor der Tür des Operationssaales wurde ich noch einmal umgebettet. Der Narkosearzt gab mir eine Injektion und meinte: „Es ist unglaublich, wie entspannt Sie aussehen, Mrs. Sims. In ein paar Minuten sind Sie da drin!“

„Ja, ich weiß, aber Jesus ist . . . bei mir“, murmelte ich und verlor das Bewußtsein.

Als ich aus der Narkose erwachte, war ich bereits wieder oben auf der Station. Ich merkte sofort, daß irgend etwas nicht stimmte. Ich konnte mich gar nicht mehr bewegen! Ich wußte, wie sich Rückenschmerzen anfühlen, denn ich hatte achtzehn Jahre lang unter Bandscheibenproblemen zu leiden gehabt. Die Schmerzen waren zum ersten Mal bei der Geburt meines ältesten Kindes und danach immer wieder in sporadischen Abständen aufgetreten. Aber hier handelte es sich um etwas viel Schlimmeres. Man teilte mir mit, daß während der Operation, als meine Beine hochlagen, einer der Spinalnerven im Rückgrat verletzt worden war, so daß ich nun halbseitig querschnittsgelähmt war. Im Laufe des Tages erklärten mir die Ärzte, daß man erst nach fünf bis sechs Monaten versuchen könnte, etwas an dieser Situation zu ändern und daß die Möglichkeit nicht auszuschließen sei, daß ich nie mehr würde gehen können. Und dennoch: Auch nach dieser Nachricht fühlte ich mich noch immer ruhig und geborgen und war zuversichtlich, daß der Herr mich heilen würde.

Als Ron abends kam und erfuhr, was vorgefallen war, stand ihm der Schock ins Gesicht geschrieben. Aber ich sagte ihm, er brauche sich wirklich keine Sorgen um mich zu machen. Als er merkte, daß mir das ernst war, daß mein Glaube ungebrochen war und ich sogar noch zu Scherzen aufgelegt war, wurde auch er wieder ruhig. Als wir uns weiter unterhielten, hörte ich, wie die Frau im Bett gegenüber zu ihrem Mann sagte: „Siehst du die Frau da drüben? Sie hat Krebs und ist außerdem noch querschnittsgelähmt! Und nun sieh dir an, wie glücklich sie aussieht. Sie sagt, sie habe Jesus in ihrem Leben. Ich sag' dir eins: Sobald ich hier raus bin, gehen wir als erstes in die Kirche!"

Die Frau im nächsten Bett bat Ron und mich, für sie zu beten. Sie machte sich so große Sorgen um ihren drogenabhängigen Sohn, daß sie fast verzweifelte. Kurz zuvor hatte ich ihr erzählt, daß sich Ron auch beruflich um junge Leute kümmerte, die in Schwierigkeiten geraten waren.

Als Ron am nächsten Abend wiederkam, sagte er mir, daß draußen vor der Tür eine Frau wartete, die für mich beten wollte. Ihr Mann war ein anglikanischer Geistlicher, den Ron nur flüchtig kannte. Dieser Mann hatte bei Ron angerufen und ihm gesagt, daß seine Frau mir im Namen Jesu die Hände auflegen wolle, um mich zu heilen. „Laß sie doch bitte für dich beten", sagte Ron. „Weißt du, ich glaube wirklich daran, daß Jesus heilen kann, und daß er nicht nur für unsere Sünden, sondern auch für unsere Krankheiten und Schwachheiten gestorben ist. Es heißt doch in der Bibel: ‚Durch seine Wunden sind wir geheilt.'"

Ron bat die Frau herein, wir zogen ein paar Vorhänge um

mein Bett herum, und sie legte mir die Hände auf. Im Namen Jesu betete sie dafür, daß ich wieder Kraft bekommen würde aufzustehen und daß alle Anzeichen von Krebs verschwinden würden.

Als ich wieder alleine war und auf dem Rücken lag, konnte ich mich noch immer nicht bewegen, verspürte jedoch einen tiefen Frieden in meinem Herzen. Ich nahm meine Bibel zur Hand und schlug das 13. Kapitel des Lukasevangeliums auf (Vers 11 bis 13): „Und siehe, eine Frau war da, die hatte seit achtzehn Jahren einen Geist, der sie krank machte; und sie war verkrümmt und konnte sich nicht mehr aufrichten. Als aber Jesus sie sah, rief er sie zu sich und sprach zu ihr: Frau, sei frei von deiner Krankheit! Und er legte die Hände auf sie; und sogleich richtete sie sich auf und pries Gott."

„Achtzehn Jahre ...", dachte ich. „Genausolange habe ich schon Probleme mit meiner Wirbelsäule." Schon während des Lesens hatte ich gemerkt, daß ich dringend auf die Toilette mußte, und drückte darum die Taste an meinem Bett, um die Schwester mit der Pfanne zu rufen. Es kam jedoch niemand. Dann drückte ich die Ruftaste zum zweiten Mal. Ich war sehr erstaunt, denn gerade auf dieser Station kam normalerweise sofort jemand, wenn man läutete. – Und dann hörte ich eine Stimme, die zu mir sprach: „Du bist geheilt – du kannst aufstehen und laufen!" Noch ein paar Sekunden lang blieb ich reglos liegen, doch dann merkte ich, daß ich die Beine bewegen konnte, wenn ich es nur versuchte. Ganz vorsichtig hob ich sie hoch, setzte mich aufs Bett und tastete nach meinen Pantoffeln, die unten auf dem Boden standen. Dann erhob ich mich und konnte tatsächlich gehen. Die anderen Frauen schrien auf: „Maureen kann wieder gehen! Das gibt's doch gar nicht! Seht euch das an – sie kann gehen!"

Ich ging den Gang hinunter, zur Toilette und dann sofort zum Telefon, um Ron anzurufen.

„Ron, ich bin wieder auf den Beinen! Ich kann gehen!" rief ich in den Hörer und erzählte ihm dann genau, was passiert war.

„Preis den Herrn!“ sagte Ron begeistert – und meinte dann: „Hör mal, geh am besten ganz schnell zurück in dein Bett. Ich wette, da ist gleich der Bär los, wenn die merken, daß du ausgerissen bist!“

Er hatte recht. Ich hatte den Hörer noch nicht aufgelegt, als mich eine der Schwestern entdeckte und sofort auf mich einzuschimpfen begann: „Um Himmels willen, was ist denn das, Mrs. Sims? So geht's aber nicht. Jetzt aber ganz schnell zurück ins Bett, bevor Sie uns hier der Länge nach hinfallen!“

Ich wußte zwar, daß ich eigentlich gar nicht mehr ins Bett gehen brauchte, war jedoch ganz brav und tat, was die Schwester mir befohlen hatte. Als ich wieder in meinem Zimmer ankam, waren die anderen Frauen noch immer in heller Aufregung und wollten wissen, wie das passiert sei. „Hängt es vielleicht damit zusammen, daß gestern abend diese Leute für dich gebetet haben?“ fragten sie neugierig, und ich sagte nur: „Ganz bestimmt!“

Als Ron am nächsten Abend wieder zu Besuch kam, war er außer sich vor Freude, daß ich wieder gehen konnte. Er erzählte mir, daß er schon alle unsere Freunde angerufen habe, um ihnen zu erzählen, was vorgefallen war. Sie hatten zugesagt, weiterhin für uns zu beten, denn wir wußten ja, daß die Ärzte uns noch am selben Abend das endgültige Ergebnis der Operation mitteilen würden. Endlich war es dann soweit. Die zuständigen Ärzte kamen und berichteten uns, daß die Voruntersuchungen zwar auf einen bösartigen Tumor hingewiesen hätten, daß ich aber eigentlich gar nicht ernsthaft krank sei. „Ihre Blutwerte sind nicht ganz in Ordnung, und einige Zellen weisen eine gewisse Abnormität auf. Aber nach einer vorsorglichen Entfernung der Gebärmutter können Sie sich als geheilt betrachten.“ Ron und ich umarmten uns, und die Tränen flossen. Was für eine wunderbare Nachricht! Ich lebte und hatte keinen Krebs!

Als wir das Krankenhaus gemeinsam verließen, waren wir innerlich voller Lob und Preis für Gott und seine Güte zu uns. Ich hatte den Eindruck, daß eigentlich jedes unserer Gebete erhört worden war, aber Ron sagte: „Warte mal ab. Gott hat noch mehr vor ...“

Schon seit einiger Zeit beschäftigten wir uns mit der Frage, ob wir eigentlich in die Gemeinde gingen, in der Gott uns haben wollte. Trefor hatte inzwischen geheiratet und war aus unserem Dorf weggezogen. Wir vermißten ihn sehr. Ron mußte, seit Trefor nicht mehr da war, immer mehr Verantwortung in der Gemeinde übernehmen, fühlte sich aber trotzdem innerlich oft leer. Eigentlich hatten wir beide das Gefühl, daß wir auf der Suche nach einem Gemeindeleben waren, das uns mehr ausfüllte. Auch paßte Ron nicht so recht in die Baptistengemeinde von Hartley Wintney. Nicht wenige kamen mit seiner extrovertierten, direkten und etwas lauten Art nicht zurecht und empfanden ihn als fanatisch und damit störend. Hinzu kam, daß wir uns um unsere Jungen sorgten, die sich in dieser Gemeinde allmählich anfingen zu langweilen, weil es wirklich nur sehr wenige Veranstaltungen gab, die für Jugendliche attraktiv waren.

Durch verschiedene Umstände kamen wir in Kontakt mit dem „King's Centre“ in Aldershot, einem großen Gemeindezentrum, das sich in einem umgebauten Kino befand. Als wir das erste Mal dort einen Gottesdienst besuchten, waren wir geradezu überwältigt von der Atmosphäre. Man spürte sie als Besucher unmittelbar, nachdem man durch die Eingangstüre gekommen war. In einem riesigen Saal fanden Hunderte von Menschen Platz – Menschen, die geradezu überflossen vor Liebe und Freude in Christus. Der Gottesdienst war einfach wunderbar. Es wurde getanzt und geklatscht, und zu den Liedern gab es Gitarrenbegleitung und Tamburine. Wir wußten sofort: Das ist die Gemeinde, zu der auch wir gehören wollen; hierhin hat Gott uns geführt.

Es fiel uns nicht leicht, unseren Freunden in Hartley Wintney zu sagen, daß wir sie verlassen würden. Manchmal war ich in der Versuchung zu denken, daß sie ohne uns nicht mehr auskommen konnten, aber andererseits hatte ich, kurz bevor ich ins Krankenhaus mußte, alle meine Verpflichtungen dort zum Abschluß gebracht. Auch wußten Ron und ich, daß wir uns, wenn es wirklich Gottes Willen war, daß wir gingen, um die Zukunft der Gemeinde keine Sorgen zu machen brauchten. Als wir uns dann immer mehr an dem Gemeindeleben im „King's Centre" beteiligten und bald auch die Menschen dort näher kennenlernten – sowohl die Gemeindemitglieder als auch den Leitungskreis –, hatten wir schon bald keinen Zweifel mehr daran, daß unser Gemeindewechsel wirklich dem Willen Gottes entsprach.

Als ich vor einiger Zeit aus dem Krankenhaus entlassen worden war, hatte Ron angedeutet, daß Gott im Hinblick auf meine Heilung noch etwas mit mir vorhatte. Ron hatte recht. Kurz vor Weihnachten mußte ich noch einmal ins Krankenhaus, um einen Termin für die angekündigte Entfernung der Gebärmutter zu vereinbaren. Als Ron und ich deswegen mit dem Arzt sprachen, berichtete er uns, daß er äußerst erstaunt sei über die Ergebnisse der Laboruntersuchungen. Mir fehle nämlich absolut nichts. Eine Gebärmutterentfernung sei deshalb auch nicht mehr nötig. Er untersuchte mich dann noch einmal persönlich und erklärte mir anschließend, daß es ihm noch nicht einmal gelungen sei, die Narbe der ersten Operation zu finden. „Von innen sehen Sie aus wie eine Sechzehnjährige", meinte er schmunzelnd.

Niemals hatte ich mir eingestanden, daß ich Krebs hatte, und nicht eine Sekunde lang hatte ich daran gezweifelt, daß Gott mich heilen würde. Jetzt hatte ich den Beweis dafür. Ich konnte es gar nicht erwarten, anderen Menschen zu berichten, was der Herr für mich getan hatte – und was er für mich getan hatte, konnte er auch für andere tun, für jeden Menschen, der ihm und seiner heilenden Kraft vertraute.

„... Ihr aber werdet Kraft empfangen"

Inzwischen hatten wir nicht mehr den geringsten Zweifel daran, daß wir mit unserem Entschluß, uns dem „King's Centre" anzuschließen, die richtige Entscheidung getroffen hatten. Es war ganz offensichtlich, daß uns Gott diesen Weg geführt hatte, denn wir empfingen reichen Segen durch die Gemeinschaft und die Gottesdienste. Dort wurde in so beeindruckender Weise gepredigt, daß wir gar nicht genug davon bekommen konnten, und wir merkten, daß wir täglich in eine engere Beziehung zu unserem Herrn kamen.

Nur ein Problem gab es für mich, jedenfalls am Anfang. Die Leute im „King's Centre" schienen derart perfekte Christen zu sein, daß ich mir allmählich fehl am Platze vorkam. Wenn ich in all die strahlenden Gesichter schaute, hatte ich den Eindruck, unter lauter vollkommenen und heiligen Menschen zu sein, mit denen ich niemals würde mithalten können. Als ich diese Gefühle einer Freundin gegenüber bekannte, lachte sie mich aus und sagte: „So ein Unsinn, Maureen. Wir sind doch alle nur Menschen, und kein einziger von uns ist vollkommener oder heiliger als du. Wir haben auch unsere Sorgen und Probleme – ganz genau wie du."

Bald merkte ich, daß meine Freundin recht hatte. Da die Leute im „King's Centre" so nett und offen zu uns waren, konnten wir schon bald mehrere Freundschaften schließen, und merkten dann, daß auch diese Menschen ihre Probleme, Fehler und Sorgen hatten.

Es gab aber auch noch einen zweiten Bereich, in dem ich mich als Außenseiter fühlte. Ich schien eine der wenigen in dieser Kirche zu sein, die das in der Bibel erwähnte „Zungen“- oder „Sprachenreden“ (siehe 1. Korintherbrief, Kap. 14) nicht hatte.

Als dann eines Tages im Abendgottesdienst dazu aufgefordert wurde, aufzustehen und nach vorne zu kommen, um sich in besonderer Weise dem Wirken des Heiligen Geistes zu öffnen, und die Gaben des Geistes zu empfangen, folgte Ron diesem Aufruf sofort. Auch ich stand auf und ging mit ihm nach vorne. Als Ron die Hände aufgelegt wurden, hielt ich ihn fest umklammert und merkte auf einmal, daß auch ich anfing, in Zungen zu reden. Ich fühlte Kraft in mich hineinströmen und verspürte eine tiefe innere Freude.

In den nächsten Monaten kamen zwei Evangelisten in unsere Gemeinde. Sie sagten uns, daß Gott eine große Aufgabe für uns bereithielt und daß durch uns „Jesu Name verkündigt und die Gefangenen befreit“ werden sollten. Es ging hierbei vor allen Dingen um Ron, obwohl es teilweise auch mich betraf. Ich wollte mich wirklich gerne von Gott gebrauchen lassen und war auch bereit, meinen Ehemann auf allen Wegen zu begleiten. Andererseits waren die beiden jüngeren Kinder noch in der Schule, und ich war nach wie vor davon überzeugt, daß meine erste und wichtigste Aufgabe darin bestand, mich um sie zu kümmern, wenn sie von der Schule nach Hause kamen. Auch meinen Teilzeitjob hatte ich noch nicht aufgegeben. Wir brauchten das Geld, und die Arbeit machte mir weiterhin Spaß. Mein Chef war immer wieder aufs neue erstaunt, wie entspannt ich aussah und wie gut es mir ging, und ich nahm jede Gelegenheit wahr, auch ihm von dem neuen Leben zu erzählen, das ich gefunden hatte.

Zunächst jedoch war ich vollauf damit zufrieden, mich zu Hause wohl zu fühlen und vor allem die wiederentdeckte Liebe zu meinem Mann zu genießen. Auch wurde es Ron und mir eine wichtige Aufgabe, unseren Kindern eine christliche Erziehung zu geben. Ich merkte bald, daß hier jeder Druck fehl am Platze war und eher das Gegenteil bewirkte, und versuchte deshalb erst gar nicht, die Jungen in irgendeiner Weise zum Beten oder Bibellesen zu zwingen. Auf diese Weise konnte ich sicher sein, daß sie, wenn sie wirklich damit anfingen, es aus freien Stücken taten – vom Geist Gottes getrieben und nicht auf elterlichen Befehl. Ich war mir sicher, daß Gott unsere Kinder lehren und ihnen genau das beibringen würde, was sie brauchten.

Mein Verhältnis zu den Jungen war inzwischen viel besser als früher, und ich fühlte mich enger mit ihnen verbunden als je zuvor. Schon immer hatte ich meine Kinder sehr liebgehabt, aber dennoch hatte es in meinem Leben Zeiten gegeben, in denen ich das Gefühl hatte, einfach nicht mehr mit ihnen fertig zu werden. Oft fehlte mir auch der Wille dazu, und ich schickte sie manches Mal wieder fort, wenn sie zu mir kamen, um mir irgend etwas zu erzählen. Jetzt jedoch nahm ich mir eigentlich immer die Zeit, um mit ihnen zu reden. Ich war Gott sehr dankbar, daß die Kinder mir so offen und aufgeschlossen begegneten, ja, sogar bereit waren, ihre Fehler einzugestehen. Wenn sie mir nun von irgendwelchen Problemen berichteten, gab ich alle diese Sorgen – wie auch die anderen Schwierigkeiten, die wir als Familie immer noch hatten – sofort an Gott weiter und bat ihn, uns eine Lösung zu zeigen. Ich wußte ja, daß er das Beste für uns wollte und daß er uns niemals enttäuschen würde.

Ron investierte inzwischen sehr viel Zeit in seinen gemeindlichen Dienst, und die Arbeit wuchs ständig. Oft war er unterwegs, und ich mußte alleine zu Hause bleiben. Aber jetzt war es ganz anders als früher. Ich beschwerte mich nicht, schmollte auch nicht, denn ich wußte ja, daß ich ihm vertrauen konnte. Zwar vermißte ich ihn immer noch, stand jedoch, was seinen Dienst betraf, wirklich voll und ganz hinter ihm. So setzte ich mich abends, wenn er irgendwo einen Vortrag hielt, einfach neben das Telefon, las in meiner Bibel und wartete darauf, daß er anrief, um mir zu berichten, wie es gelaufen war.

Ron hatte bereits im „King's Centre“ seine Lebensgeschichte erzählt. An jenem Abend hatten sich sechsundzwanzig Menschen bekehrt. Ungefähr zwei Monate später spürte ich, daß

Gott es auch von mir erwartete, daß ich meine Lebensgeschichte schilderte, zumindest wollte er, daß ich einmal anfing, über diese Möglichkeit nachzudenken. Gott machte mir klar, daß ich deshalb erst einmal Mike Pusey, unseren leitenden Pastor, ansprechen sollte. Das tat ich dann auch, und Mike versprach mir sofort, die Angelegenheit im Gebet zu bedenken. Er rief mich dann eines Abends an und bat mich, die Geschichte meiner Bekehrung an einem bestimmten Sonntag im Mai zu erzählen, und zwar abends im Spätgottesdienst. Ich war fürchterlich nervös, denn ich hatte große Angst davor, vor so vielen Menschen zu sprechen, aber kurz vor dem Gottesdienst beteten Ron und Mike für mich. Als ich anfing zu sprechen, war ich noch ziemlich nervös, aber bereits nach wenigen Minuten merkte ich: Gott nahm die Situation vollkommen in seine Hände, befreite mich von aller Angst vor den Menschen und half mir, ganz frei und unbekümmert zu erzählen, auf welche wunderbare Weise er mein Leben verändert hatte. Als ich fertig war, kam Mike zum Mikrophon und hielt noch eine kurze evangelistische Ansprache. Am Schluß bat er diejenigen, die sich bekehren wollten, nach vorne zu kommen. Sechzehn Gottesdienstbesucher gaben an diesem Abend Jesus Christus ihr Leben.

Einige Monate später merkte ich, wie ich langsam unruhig wurde. Ich wußte, daß meine Familie mich brauchte, wünschte mir aber, Gott auch noch in anderer Weise dienen zu können. Ich war mir ziemlich sicher, daß er neben meinem Beruf als Hausfrau und Mutter noch eine weitere Aufgabe für mich bereithielt. Schließlich hatte ich in meinem Leben sehr viel Schlimmes durchgemacht, und es mußte doch Möglichkeiten geben, meine Erfahrungen anderen zugute kommen zu lassen. Ich wußte, wieviel sinnloses Leiden es auf der Welt gab, und ich brannte darauf, Menschen zu helfen, die Ähnliches durchgemacht hatten wie ich. Mir lagen die Prostituierten, Drogenabhängigen und Alkoholiker am Herzen – eigentlich alle Menschen, die noch in derselben Hölle gefangen waren, aus der

Gott Ron und mich errettet hatte. Mich verlangte danach, diesen Menschen zu sagen, daß ihnen geholfen werden konnte und daß es jemanden gab, der sie liebte und ihnen Frieden und neues Leben schenken wollte. Ich brannte darauf, diese Botschaft überall hinzutragen, und war bereit, an jeden Ort zu gehen, an den mich der Herr senden würde. Ungeduldig wartete ich auf einen entsprechenden Ruf und begann, nach einiger Zeit des untätigen Wartens, langsam an mir selbst zu zweifeln. Vielleicht, so dachte ich, hatte ich mich ja doch geirrt im Hinblick auf den Willen Gottes für mein Leben. Vielleicht hatte Gott am Ende gar keine Aufgabe für mich . . .

Schließlich ging ich mit meinen Sorgen zu Margaret, der Frau unseres Pastors Mike. Ich erzählte ihr von meinen Gedanken und Gefühlen, und sie entschloß sich sofort, mich an einem der folgenden Nachmittage zu besuchen, um mit mir über diese Sache zu reden und zu beten. Als sie dann bei uns war, sprachen wir zunächst ein wenig über unsere Familien, und dann erzählte ich ihr, wie ich mir meinen Dienst für Gott im einzelnen vorstellte. Nach dem Gespräch hielten wir einander die Hände und beteten zusammen. Wir baten Gott, daß er doch die entsprechenden Türen öffnen möge, wenn er mich wirklich gebrauchen wollte. Nachdem Margaret gegangen war, ging es mir schon besser. Ich war jetzt mit meiner Situation zufrieden und bereit, auf Gottes Handeln zu seiner Zeit zu warten.

Am nächsten Tag fand ich einen Brief in der Abendpost, der von Vanessa, einer christlichen Freundin aus London, kam. Ich traute meinen Augen nicht, was ich dort las. Sofort lief ich zum Telefon und rief Margaret an:

„Du, Margaret – ich habe gerade einen Brief von Vanessa bekommen. Sie bittet mich, auf zwei Veranstaltungen zu sprechen – einer in London und der anderen in Kettering."

„Preis den Herrn!" rief Margaret begeistert.

„Weißt du, als wir gestern abend zusammen beteten, hätte ich nicht gedacht, daß die Antwort auf unser Gebet so schnell eintreffen würde."

„Ja, man sollte Gott nie unterschätzen, Maureen! Wenn er uns gebrauchen will, verschafft er uns auch die Gelegenheit dazu.“

Als Ron abends nach Hause kam und ich ihm diese Neuigkeit erzählte, war er sofort Feuer und Flamme und bot mir sogar an, mich mit dem Auto nach London zu fahren. Durch diese Gebetserhörung fühlte ich mich so sehr in meinem Glauben gestärkt, daß ich gar keine Zeit mehr damit verschwendete, mir unnötige Sorgen um meine Nervosität zu machen. Ich war inzwischen bereit, vor Hunderten von Menschen zu sprechen, um ihnen davon zu erzählen, was Gott für mich getan hatte. Wenn ich daran zurückdachte, was für eine Frau ich früher einmal war – ein ängstliches und willenloses Wrack von Mensch –, glaubte ich mich manchmal selber nicht mehr wiederzuerkennen, so sehr hatte ich mich verändert. Es war schon ein Wunder, daß mich der Herr von meiner Schuld und meinem verkommenen Leben errettet hatte, aber mehr noch staunte ich darüber, wie er mich mit Mut und Kraft beschenkt hatte, mit einem Selbstbewußtsein, das überhaupt nicht meiner früheren Art entsprach.

Nachdem Gott erst einmal eine Tür geöffnet hatte, ergaben sich ständig neue Möglichkeiten, ihm zu dienen. Alan Richardson, der ehemalige Leiter des „King's Centre“, war inzwischen nach Dorset gezogen und lud uns eines Tages ein, ihm dort bei einigen evangelistischen Veranstaltungen zu helfen. In Dorset sprachen wir in einigen der zahlreichen kleinen Dörfer, aber Ron hielt auch einen Vortrag in Poole, einer größeren Stadt mit einer riesigen Mehrzweckhalle, dem „Poole Arts Centre“. Ich kann mich an den Vortrag in diesem Saal noch genau erinnern, denn ich wurde dort eines Abends – gerade als ich durch die Eingangstür kam und meinen Mann vorne am Mikrophon reden hörte – plötzlich von einer ungeheuer starken Gefühlswelle überwältigt, so daß ich an Ort und Stelle in Tränen ausbrechen mußte. Es waren Tränen der Freude und Dankbarkeit Gott gegenüber, der Ron, einen ehemals so bösen Menschen, der mir viel Unglück gebracht hatte, in einen liebevollen und fürsorglichen Ehemann verwandelt hatte – in jemanden, der nun vor vielen Menschen seine Bekehrungsgeschichte erzählte, und auf den ich rundherum stolz sein konnte.

Meine eigene Aufgabe hatte ich bei dieser Reise nach Dorset zunächst nur in der Unterstützung meines Mannes gesehen, aber schon am nächsten Tag bat mich Alan Richardsons Frau, Pat, ein Treffen für die Frauen dort zu organisieren, wozu ich sehr gerne bereit war. Unsere beiden Ehemänner – die bekannten Redner – begnügten sich an diesem Tag damit, für die Frauen Kaffee und Tee zu kochen und uns mit aller Aufmerksamkeit zu bedienen. Für die beiden war es sicher ein Dienst der Demut, den sie aber sehr gerne verrichteten. Vielleicht dachten sie dabei auch an Jesu Wort: „Wer groß sein will unter euch, der soll euer Diener sein, und wer unter euch der Erste sein will, der soll aller Knecht sein" (Markusevangelium, 10. Kapitel, Verse 43 und 44).

Wie so oft bei diesen christlichen Veranstaltungen, waren auch dieses Mal vor allem solche Frauen zusammengekommen, die ohnehin schon bekehrt waren, aber es gab auch eine Teilnehmerin, die noch nicht an Christus glaubte. Aufgrund meines Zeugnisses bekehrte sich diese Frau und vertraute ihr ganzes Leben Gott an. Später erfuhr ich, daß ihre Ehe kurz vor dem Scheitern gestanden hatte und daß sie nun mit Gottes Hilfe versuchen wollte, noch einmal ein neues Leben zu beginnen. Nachdem diese Frau dem Aufruf zur Nachfolge gefolgt war, spürte ich, wie Gott mich dazu drängte, noch ein Angebot der Fürbitte und des besonderen Gebets folgen zu lassen. „Das kann ich doch gar nicht!" war mein erster Gedanke, denn ich hatte so etwas noch nie gemacht. Aber nach einigen wenigen Sekunden des Nachdenkens willigte ich ein und betete innerlich: „Herr, wenn es wirklich dein Wille ist, werde ich es tun." – So bat ich all diejenigen, die besondere Fürbitte brauchten, nach vorne zu kommen. Ich war erstaunt darüber, wie viele Frauen sich nach Heilung oder Befreiung sehnten und dem Aufruf folgten. Viele wurden geheilt und von inneren oder äußeren Leiden befreit und lobten Gott für sein Handeln. Es war ein wunderbarer und erlebnisreicher Tag, an dem ich eine Menge lernte. Vor allem zeigte mir Gott, daß wir, wenn wir erst einmal bereit sind, seine Kraft für unseren Dienst in Anspruch zu nehmen, nur den ersten Schritt vorwärts zu gehen brauchen, und daß Gott selbst sich um alles übrige kümmert.

Meine Arbeit entwickelte sich in drei verschiedene Richtungen: Da unsere Jungen inzwischen recht selbständig geworden waren, konnte ich meinen Mann nun häufig auf seinen Reisen begleiten und in seinem Dienst unterstützen. Daneben gab es zahlreiche Treffen und Veranstaltungen, für die ich in eigener Regie verantwortlich war. Und schließlich gab es noch einen weiteren Bereich, in dem ich mich engagierte: Es war eine eher unauffällige, aber dennoch sehr befriedigende Arbeit, nämlich die persönliche Beratung und Seelsorge von Frau zu Frau.

Im November 1986 hatten wir ein besonderes Erlebnis. Ron war gebeten worden, in der Jugendstrafanstalt von Wellingborough zu sprechen. Als wir dort ankamen, wurden wir zunächst von dem Gefängnispfarrer begrüßt, der sich mit ganzer Hingabe dafür einsetzte, daß den Gefangenen geholfen wurde. Als er uns durch das Gefängnis führte und ich die düsteren Korridore sah und hörte, wie die Türen hinter uns ins Schloß fielen, begann ich, innerlich für Ron zu beten. Mir selbst war diese Umgebung zwar fremd, aber meinem Mann war sie nur allzugut vertraut, und ich machte mir Sorgen, daß ihn die Erinnerung an all die bitteren Jahre, die er im Gefängnis verbracht hatte, nun negativ beeinflussen könnte.

Dann führte man uns in die kleine Gefängniskapelle, und ich wurde dem Leiter der Anstalt vorgestellt, neben dem ich auch sitzen sollte, während Ron predigte. Mindestens hundert junge Strafgefangene waren dort in der kleinen Kapelle zusammengekommen. Unter ihnen saßen – an strategisch wichtige Punkte verteilt – auch einige Aufseher. Die Atmosphäre drückte auf mein Gemüt. Ich mußte gegen meine Tränen ankämpfen, als ich die vielen jungen Menschen sah, die einen so schwachen und verlorenen Eindruck machten und überhaupt nicht so aussahen, wie man sich gemeinhin junge Kriminelle vorstellt. Als Ron dann anfing zu sprechen, änderte sich die Atmosphäre schlagartig. Die Gefangenen waren mucksmäuschenstill und hörten ihm gespannt zu. Mit großer Faszination verfolgten sie, was Ron aus seinem früheren Leben berichtete, vor allem, wie er durch Jesus endlich Liebe und Vergebung gefunden hatte. Während Ron über die Liebe Gottes sprach, schaute ich in die verlebten, blassen Gesichter der Jungen und fragte mich, wie viele es wohl unter ihnen gab, die überhaupt wußten, was Liebe ist. Ich war mir ziemlich sicher, daß die meisten dieser Jugendlichen vor allem deshalb hinter Gittern saßen, weil sie in ihrem Leben eine solche Liebe noch nie erfahren hatten – und wir alle brauchen doch Liebe, um mit dem rechten Maß an Selbstbewußtsein und Mitgefühl für andere Menschen aufzuwachsen. An jenem Morgen rührte Jesus eine ganze Reihe von Herzen an. Als wir den Jungen die Hände schüttelten, bevor sie in ihre Zellen zurückkehren mußten, hatten viele von ihnen Tränen in den Augen.

Als wir das Gefängnis verließen, drehte ich mich noch einmal um und sah, wie uns einige der Jungen aus ihren Zellen heraus nachwinkten. Ein großes Gefühl der Traurigkeit überkam mich. Ron und ich lebten in Freiheit, und diese jungen Menschen hatten noch Monate, wenn nicht Jahre vor sich, die sie hinter Gittern verbringen mußten. Schon der Gedanke daran tat mir in der Seele weh. Ich mußte an unsere eigenen Söhne denken und wäre am liebsten noch einmal in das Gefängnis zurückgekehrt, um jeden einzelnen dieser liebesbedürftigen Gefangenen wie eine Mutter zu umarmen.

Noch am selben Abend besuchten wir in Wellingborough einen Gottesdienst und trafen dort den Gefängnispfarrer wieder. Er erzählte uns, daß einige der Jungen ihn anschließend noch zu einem Gespräch aufgesucht hätten, weil sie den Wunsch hatten, ihr Leben Jesus Christus anzuvertrauen. Als Ron und ich dann wieder zu Hause waren, spürte ich, daß Gott mir eine große Last aufs Herz gelegt hatte, nämlich den Wunsch, jungen Menschen im Gefängnis zu helfen. Ich betete darum um weitere Gelegenheiten, junge Gefangene zu besuchen, denn ich sehnte mich danach, ihnen die Erfahrung weiterzugeben, daß Jesus Christus zerbrochene Herzen heilen kann.

Wir können nur dafür beten, daß sich immer mehr Christen dazu bereitfinden, solchen Menschen nachzugehen und ihnen die gute Nachricht von Jesus zu bringen – und zwar nicht erst, wenn sie im Gefängnis sitzen, sondern schon lange, bevor sie in Schwierigkeiten geraten. Es war hauptsächlich diese Überlegung, die Ron und mich dazu bewogen hatte, in Schulen und Schulgottesdiensten zu sprechen. Wir waren jedesmal aufs neue traurig, wenn wir feststellten, wie wenige der Schüler überhaupt schon etwas von Jesus gehört hatten. Meistens wurden wir in den Schulen von den Verantwortlichen gebeten, etwas zu den Gefahren des Drogenmißbrauchs zu sagen. Oft benutzte ich diese Gelegenheiten aber auch dazu, um vor allem die jungen Mädchen vor den körperlichen und seelischen Folgen eines häufig wechselnden Geschlechtsverkehrs zu warnen. Viele schrieben uns hinterher und bedankten sich für das, was wir gesagt hatten. Sie waren froh, daß sich endlich einmal jemand getraut hatte, nicht um den heißen Brei herumzureden.

Ich freute mich über jede Gelegenheit zu einem persönlichen Gespräch, auch wenn ich bei manchen dieser Gespräche nur noch weinen konnte. In solchen Situationen bleibt mir nichts anderes übrig, als Gott um Kraft und um die richtigen Worte im Gespräch zu bitten. So kam eines Tages ein junges Mädchen zu mir und erzählte mir, daß sie von ihrem eigenen Vater sexuell mißbraucht worden sei und daß ihre Mutter ihr dies nicht geglaubt habe. Sie lebte inzwischen bei einer Tante, hatte auch schon zum Glauben an Jesus gefunden, litt aber trotzdem noch unter einem starken Gefühl der Wertlosigkeit, weil sie den Eindruck hatte, ein ungewolltes und ungeliebtes Kind zu sein. Ich riet ihr, noch einmal mit ihren Eltern zu sprechen und sich auch in deren Lage hineinzuversetzen, da sie ja bestimmt unter großen Schuldgefühlen litten. „Versuche, deinen Eltern zu sagen, daß du sie liebst", sagte ich ihr, bevor wir noch zusammen beteten. Nachdem wir „Amen" gesagt hatten, fühlte sie sich schon sehr erleichtert und dankte mir, daß sie mit jemandem hatte sprechen können. Einige Wochen später schrieb sie mir in einem Brief, daß sie meinen Rat befolgt hatte und sich inzwischen schon viel freier mit ihren Eltern unterhalten konnte. Auch ihre Eltern behandelten sie nun liebevoller als früher – „und das Beste von allem ist", so endete ihr Brief, „daß ich mich demnächst verloben werde!"

Im Dienst des Herrn

Rons Arbeit wuchs in einem solchen Umfang, daß er allmählich Schwierigkeiten bekam, die ganze Organisation und Korrespondenz zu bewältigen, die sich daraus ergaben. Wir waren darum sehr dankbar, daß sich die Leitung des „King's Centre" eines Tages entschloß, ihm ein komplett ausgestattetes Büro zur Verfügung zu stellen – einschließlich einer Sekretärin, die ihm bei der Arbeit helfen sollte. Nach einiger Zeit war es dann soweit, daß Ron seine eigene Organisation gründen konnte, die „Ron Sims Ministries" („Ron Sims-Dienste"), eine Zweigarbeit der „King's Centre Ministries".

Ron und ich sehnten beide den Tag herbei, an dem ich meine Teilzeitstelle kündigen und ganz für die Arbeit zur Verfügung stehen konnte. Schon jetzt gehörte ich den „Ron Sims Ministries" an, wurde jedoch in meiner Arbeit nicht nur durch meine Halbtagsstelle eingeschränkt, sondern auch dadurch, daß wir noch einen schulpflichtigen Jungen hatten, und ich davon überzeugt war, daß ich, solange er noch zur Schule ging, möglichst viel Zeit für ihn haben sollte. Als jedoch Davids Schulabgang immer näher rückte, merkte ich, daß Gott nun von mir erwartete, daß ich kündigen sollte. Seit zwölf Jahren hatte ich jeden Tag in Mr. Lazarus' Antiquitätengeschäft mitgearbeitet, und es fiel mir sehr, sehr schwer, ihm mitzuteilen, daß ich jetzt aufhören wollte. Dieser Mann war immer so gut zu mir gewesen, nicht nur in den Höhen, sondern auch in den Tiefen meines Lebens, und wir beide waren echte Freunde geworden.

Noch einmal bat ich den Herrn um Führung, und er versicherte mir erneut, daß ich auf dem richtigen Weg war. Gott hält das Leben eines jeden Menschen in seiner Hand und hat für jeden einzelnen eine Aufgabe. Alles, was er von uns verlangt, ist, daß wir ihn lieben, ihm vertrauen und ihm gehorchen. – Als es dann soweit war, daß ich Mr. Lazarus mitteilte, daß ich in einem Monat gehen würde, hatte er Tränen in den Augen, und nicht nur er, sondern auch ich. Ich konnte gar nicht anders, als traurig darüber sein, daß ich diesen gütigen Menschen, der viele Jahre ein Teil meines Lebens gewesen war, nun verlassen mußte. Aber ich war auch froh, daß ich ab jetzt ungebunden war und mich ganz der Arbeit Gottes widmen konnte. Gottes Zeitplanung ist immer vollkommen, und so kam es, daß mein letzter Arbeitstag im Geschäft mit dem Tag zusammenfiel, an dem David aus der Schule entlassen wurde.

Sobald ich mit meiner Arbeit aufgehört hatte, sagte ich zu Gott: „Ich stehe dir jetzt ganz zur Verfügung und bin in deiner Hand. Du kannst mich hinschicken, wohin du willst." – Von diesem Augenblick an hat er dafür gesorgt, daß ich nicht einen Tag lang arbeitslos war. Fast immer begleite ich nun meinen Mann, wenn er irgendwo eine Predigt hält, und meist bittet er mich am Ende einer Veranstaltung, ihn dadurch zu unterstützen, daß ich mit Menschen spreche, die Seelsorge, Hilfe oder Gebet brauchen. Auch habe ich inzwischen selbst im ganzen Land Vorträge gehalten und Veranstaltungen durchgeführt. Ich bin Gott sehr dankbar dafür, daß er mich zu einem Werkzeug gemacht hat, um seine Menschheit zu erreichen. So viele Menschen treffe ich, die unter seelischen Verletzungen leiden – meist aufgrund von zerbrochenen Beziehungen –, und es ist für mich immer wieder eine wunderbare Erfahrung, wenn ich Gottes Trost und seine heilende Kraft bezeugen und miterleben kann, wie ein Menschenleben verändert wird.

Ich habe mich eigentlich nie geschämt, ganz offen und ungeschminkt aus meiner Vergangenheit zu erzählen. Manchmal, wenn ich irgendwo meine Lebensgeschichte erzähle, kommen hinterher die Frauen auf mich zu und sagen ganz verwundert:

„Wie schaffst du es nur, über all diese Dinge so offen zu reden? Reißt du damit nicht alte Wunden wieder auf?“

Ich antworte dann meistens, daß mein vergangenes Leben vorbei ist und nichts mehr mit der Maureen Sims von heute zu tun hat. Seit ich Jesus nachfolge, bin ich, wie es die Bibel ausdrückt, „eine neue Schöpfung“, und alle Sünden der Vergangenheit sind vergeben. Das bedeutet jedoch nicht, daß sie vergessen wären. Darüber zu sprechen kann anderen Menschen eine Hilfe sein und ihnen den Weg zum ewigen Leben zeigen.

In den letzten Jahren, besonders seit der Veröffentlichung von Rons Buch *Flying Free*, haben unsere Freunde und Bekannten immer wieder Menschen zur Seelsorge an uns verwiesen. Wir bekommen Besuch von Leuten, die in demselben Schmutz stecken, in dem wir einst steckten: Verbrechen, Drogen, Alkohol, Prostitution und Pornographie. Sie alle kommen, weil sie Rat und Hilfe brauchen, und wir können ihnen nur deshalb helfen, weil wir ganz ehrlich zugeben, was wir selber in der Vergangenheit getrieben haben. Würden wir ihnen nicht die ganze Wahrheit sagen, könnten sie sich nicht mit uns identifizieren, und wir könnten ihnen dann auch nicht weiterhelfen.

Auch wenn ich irgendwo einen Vortrag halte, denke ich jedesmal daran, daß ja vielleicht im Publikum eine Frau sitzen könnte, die gerade dieselben Probleme durchmacht, die ich durchgemacht habe, und ein ebensolches Leben führt, wie ich es einmal führte. Ich habe den Eindruck, daß ich, was den Punkt der Ehrlichkeit betrifft, Jesus einfach gehorchen muß. Die betreffende Frau soll ja erkennen, daß Gott, der einer Sünderin wie mir Vergebung und Hilfe geschenkt hat, dasselbe auch für sie tun kann – wenn sie ihrerseits bereit ist, Jesus als Herrn und Erretter anzuerkennen.

Als einen besonderen Segen empfanden wir es, daß Gott uns im Laufe der letzten Jahre wieder mit unseren Familien zusammengeführt hat. Eines Abends im Frühjahr 1987 hielt Ron einen Vortrag in Wales, und nach der Veranstaltung kam eine junge Frau auf ihn zu und begrüßte ihn mit den Worten: „Hallo,

Papa!“ Es war seine Tochter Tina, die Ron im Laufe der Jahre aus den Augen verloren hatte.

„Mensch, Tina!“ rief Ron begeistert und schloß sie sofort in seine Arme. „Woher wußtest du, daß ich heute abend hier bin?“

„Ich hatte einen Hinweis in unserer Zeitung gelesen und wollte es mir natürlich nicht entgehen lassen, meinen Papa predigen zu hören!“

Anschließend besuchten wir alle zusammen Tina und lernten auch ihre Familie kennen. Sie hatte drei Kinder, und Ron freute sich riesig über diese Enkel, von denen er gar nicht wußte, daß sie überhaupt existierten. Es stellte sich im Laufe der Unterhaltung heraus, daß Ron inzwischen nicht weniger als elf Enkelkinder hatte, denn alle seine Söhne waren jetzt verheiratet und hatten Kinder.

Sehr traurig waren wir allerdings, als wir erfuhren, daß Tinas Brüder allesamt mit dem Gesetz in Konflikt gekommen waren. Sie saßen beide in Untersuchungshaft und hatten eine Gerichtsverhandlung vor sich, weil ihnen Raubüberfälle zur Last gelegt worden waren. Gleich am nächsten Tag besuchten wir John im Gefängnis von Cardiff und erzählten ihm von der Liebe und der Errettung, die Jesus Christus auch für ihn bereithielt. Es war für Ron sehr bewegend, seinen Sohn wiederzutreffen, aber er war nach diesem Besuch auch sehr traurig, denn John erinnerte ihn daran, wie er früher selbst einmal gewesen war.

Seit diesem Besuch haben wir den Kontakt zu Rons erster Familie nicht abreißen lassen. Wir haben Briefe an seine Söhne John und Mike geschrieben, und Steven, Rons ältester Sohn, hat uns zu Hause besucht. Steven sagt inzwischen selbst, daß er sein altes Leben leid ist und eine Entscheidung für Jesus getroffen hat. Andererseits fällt es ihm sehr schwer, sich zu ändern und alte Gewohnheiten aufzugeben. Wir beten jedoch weiterhin dafür, daß Gott ihn durchbringen wird. Auch die beiden jüngeren Kinder sind auf der Suche nach der Wahrheit. Mike scheint bereits einen Schritt der Hingabe an Christus vollzogen zu haben. Wie dem auch sei – wir glauben fest daran, daß Gott in den Herzen aller vier Kinder am Werk ist und daß der Tag kommen wird, an dem wir als Familie wieder vereint sein werden – nicht nur in einem menschlichen Sinne, sondern als Kinder desselben himmlischen Vaters.

Auch meine Familie ist inzwischen wieder zusammengeführt worden, worüber ich sehr froh bin. Mein Sohn Gary meldete sich irgendwann einmal bei meiner Mutter, woraufhin sie uns beide wieder zusammenbrachte. Er blieb nämlich ein ganzes Wochenende lang bei ihr und traf bei dieser Gelegenheit dann auch meine Familie. Besonders glücklich war ich darüber, daß Gary sofort wieder auf seinen Bruder Graham zuging, den er viele Jahre lang nicht mehr gesehen hatte. Auch mit seinen Halbbrüdern Michael und David, die er ja überhaupt nicht kannte, freundete er sich direkt an. Im Hinblick auf Garys Beziehung zu Ron wurde sehr schnell deutlich, daß er überhaupt keinen Groll mehr gegen ihn hegte. Im Gegenteil: Gary ist inzwischen richtig stolz auf seinen Stiefvater. Und ich bin meinerseits stolz auf meinen Sohn Gary. Er ist ein liebenswürdiger, mitfühlender und sensibler Mann geworden, auch wenn er sehr still und ein wenig schüchtern ist – was er sicher von seiner Mutter geerbt hat. Ron und ich beten darum, daß auch er unseren Herrn Jesus kennenlernt und liebgewinnt, was wir übrigens auch für meine Mutter beten, die mir über all die Jahre so treu zur Seite gestanden hat.

Gott sagt in seinem Wort: „Ich will euch die Jahre erstatten, deren Ertrag die Heuschrecken, Käfer und . . . Raupen gefressen haben“ (Joel 2,25). Ron und ich sind fest davon überzeugt, daß Gott uns die Jahre zurückerstattet hat, die wir in der Finsternis verbracht haben und die nun endgültig der Vergangenheit angehören.

Es gibt so vieles, wofür ich Jesus dankbar bin. Seine Güte zu mir ist so unbeschreiblich groß, daß ich manchmal gar nicht weiß, wo ich mit dem Loben und Danken beginnen soll. Selbst in den Jahren vor meiner Bekehrung hat er schon in mein Leben eingegriffen, und seitdem ich ihn als Herrn kenne, sehe ich jeden

Tag aufs neue, wie er mich führt und leitet. Ich preise ihn für meine Gesundheit, für meinen liebevollen Ehemann, meine beiden lieben Söhne und die vielen Brüder und Schwestern im Herrn, die mir soviel Liebe und Unterstützung geben. So viele Jahre meines Lebens war ich regelrecht süchtig gewesen nach Liebe, und nie war die tiefe Sehnsucht in meinem Herzen gestillt worden. Nun aber hat Gott mich gesegnet mit einem Übermaß an menschlichen Beziehungen, in denen ich Liebe erfahre – zu meinem Mann, zu meiner Familie und meinen Freunden, und vor allen Dingen zu meinem Herrn und Gott, der mich mit einer Liebe liebt, die niemand sonst auf dieser Welt geben kann.

Ich preise Jesus, daß er mich zu einer starken Persönlichkeit hat werden lassen, und dafür, daß er mir die Kraft gegeben hat, mutig voranzuschreiten und seinen Willen und sein Werk zu erfüllen. Ich bin davon überzeugt, daß für Gott kein Mensch zu schwach oder zu unbedeutend ist, und daß er für jeden Menschen eine Aufgabe hat. Niemand war wohl in diesem Leben schwächlicher als ich es war. Am Ende war ich nur noch eine willenlose Marionette, ohne eigene Meinung, zu dumm und zu schüchtern, um mit irgend jemandem eine vernünftige Unterhaltung zu führen. Aber Gott hat einen neuen Menschen aus mir gemacht, eine neue Maureen Sims, eine Frau mit Glauben, die heute keine Angst mehr davor hat, vor Hunderten von Menschen zu stehen und zu bezeugen, was Gott für sie getan hat.

Ich empfinde es als ein großes Vorrecht, von Gott gebraucht zu werden, um seine Liebe, Errettung und Heilung weiterzugeben an unsere Welt. Ich genieße es immer wieder, mit meinem Mann landauf, landab zu reisen, ihn in seiner Arbeit zu unterstützen und auch seine Unterstützung zu spüren, wenn ich meinerseits irgendwo einen Vortrag halte. Wir haben zusammen schon viele Zeichen und Wunder erlebt in den Jahren unseres gemeinsamen Dienstes. Aber von all den Wundern, die wir erlebt haben, empfinde ich es immer noch als das größte Wunder, wenn ich miterleben kann, wie Gott ein Menschenleben verändert, wie Männer, Frauen und junge Leute von neuem geboren werden und das Leben in seiner ganzen Fülle kennenlernen, weil sie nun Jesus Christus angehören.

Jedesmal, wenn ich Ron predigen sehe, bin ich von neuem stolz auf meinen Mann und darauf, daß Gott ihn in so mächtiger Weise benutzt, um das Evangelium weiterzugeben. Manchmal, wenn ich ihn ansehe, schaut er mir in die Augen, und sein Blick ist voller Liebe und Zärtlichkeit, so daß ich es oft gar nicht begreifen kann, daß er derselbe Mann ist, den ich geheiratet habe. Hin und wieder kommt es vor, daß ich vor Freude in Tränen ausbreche – in Tränen des Glücks und der Dankbarkeit für das Leben, das Ron und ich nun zusammen leben.

Genauso, wie viele Menschen sich darüber wundern, daß ich so offen und ungeschminkt aus meinem vergangenen Leben berichte, wundern sie sich auch darüber, daß ich kein Blatt vor den Mund nehme, wenn ich Rons Charakter beschreibe, so wie er vor seiner Bekehrung war. „Wie kannst du nur über deinen eigenen Mann so reden?" heißt es dann. Aber ich finde, daß diese Ehrlichkeit ganz wichtig ist, denn die Menschen sollen ja erkennen, wie groß das Wunder ist, das Gott an Ron und mir getan hat. Ron war tatsächlich ein böser Mensch, hartherzig und voller Verbitterung. Eine Gefängnisstrafe war ebensowenig imstande ihn zu brechen wie seine schwere, fast tödliche Krankheit. Nur Jesus Christus hat es geschafft, meinen Mann zu erreichen und ihn mit seiner Vergebung und Errettung endlich auf die Knie zu bringen. Jesus starb für die Sünder, und es gibt niemanden, den seine Liebe und seine Vergebung nicht mehr erreichen könnten.

Genau wie meinem Mann ist auch mir viel vergeben worden. Meine Geschichte mag sich teilweise so angehört haben, als sei ich nur ein Opfer gewesen, eine willenlose Partnerin in unserem unzüchtigen gemeinsamen Leben. Aber ich kann nicht so tun, als sei ich unschuldig gewesen an dem, was geschehen ist. Es stimmt, daß ich schwach und dumm gewesen bin – jemand, der auf falsche Wege geraten ist. Aber ebenso stimmt es, daß ich eine große Sünderin war.

Es ist mein größter Wunsch, daß dieses Buch wirklich die Herzen der Menschen erreicht und ihnen neue Hoffnung gibt. Es ist mir wahrlich nicht leichtgefallen, meine Geschichte zu erzählen, aber die Mühe hat sich gelohnt, wenn das, was ich erlebt habe, den Menschen weiterhilft, ihnen neuen Mut gibt und Hoffnung schenkt, daß Jesus Christus helfen kann.

Wie immer Ihre Vergangenheit aussehen mag: Alles kann Ihnen vergeben werden. Sie haben die Möglichkeit, ein neues Leben anzufangen. Es gibt Hilfe! Ron und ich sind der lebende Beweis dafür, daß nichts unmöglich ist für Gott, der uns in Jesus Christus begegnet.

Wir beide freuen uns, daß unser altes Leben nun hinter uns liegt und daß wir neue Menschen geworden sind. Ich bin nicht länger Maureen Sims, die Ex-Prostituierte, und mein Mann ist nicht länger Ron Sims, der ehemalige Strafgefangene und Pornokönig. Was immer wir in der Vergangenheit auch getrieben haben mögen – heute sind wir ein Sohn und eine Tochter des Königs aller Könige und des Herrn aller Herren. Seinem herrlichen Namen gebührt alle Ehre!

STEPHAN VOLKE

Bis zum letzten Tropfen

Alkohol – Menschenschicksale aus Serrahn

Paperback. 96 Seiten.
ISBN 3-87067-480-6.

Hier lesen Sie von Menschen, die durch übermäßigen Alkoholgenuß ihre Arbeitsstellen verloren, von einem, der während der Armeezeit mit dem Panzer zum Schnapsholen fuhr, und von Menschen, die von den Ärzten bereits aufgegeben waren. Für einen gab es am Ende nur noch eine Alternative: Entweder in den Knast oder zum Beten.

Vielen Menschen wurde geholfen. Heute können sie ohne Alkohol leben, weil die Liebe Gottes sie auf einem alten Pfarrhof im mecklenburgischen Serrahn erreichte. Wie? Davon berichtet dieses authentische Buch . . .

CLAUDIA EGGERT/JO SCHARWÄCHTER

Das Mädchen mit dem kalten Blick

»Ich war ein Gruftie«

Paperback. Ca. 80 Seiten.
ISBN 3-87067-477-6.

»Der Friedhof war der einzige Ort, der mir Ruhe und Frieden gab. Ich saß auf den Gräbern und fing an, mit den Toten zu reden.« Claudia Eggert war ein Gruftie: kalkweiß geschminkt, schwarz gekleidet, Stirnband mit einem Totenkopf. Als Bürgerschreck läuft »das Mädchen mit dem kalten Blick« in ihrer süddeutschen Heimatstadt herum. Mit Schule, Beruf, dem ganzen bürgerlichen Kram hat sie Schluß gemacht. Die Totenwelt fasziniert sie mehr als das Leben. Was folgt sind Drogen, Parapsychologie, Okkultismus und Verzweiflung.

Aber der Teufel hat nicht das letzte Wort. Als Claudia von Jesus hört, wird es hell. Ein neues Leben beginnt, das echte Leben . . .

Brendow Buch Kunst Verlag